子どもの理解と援助

監修
公益財団法人
児童育成協会

編集
清水 益治
森 俊之

新 基本保育シリーズ ⑩

中央法規

新・基本保育シリーズ
刊行にあたって

　認可保育所を利用したくても利用できない、いわゆる「保育所待機児童」は、依然として社会問題になっています。国は、その解消のために「子育て安心プラン」のなかで、保育の受け皿の拡大について大きく謳っています。まず、2020年度末までに全国の待機児童を解消するため、東京都ほか意欲的な自治体への支援として、2018年度から2019年度末までの2年間で必要な受け皿約22万人分の予算を確保するとしています。さらに、女性就業率80％に対応できる約32万人分の受け皿整備を、2020年度末までに行うこととしています。

　子育て安心プランのなかの「保育人材確保」については、保育補助者を育成し、保育士の業務負担を軽減するための主な取り組みとして、次の内容を掲げています。

・処遇改善を踏まえたキャリアアップの仕組みの構築
・保育補助者から保育士になるための雇上げ支援の拡充
・保育士の子どもの預かり支援の推進
・保育士の業務負担軽減のための支援

　また、保育士には、社会的養護、児童虐待を受けた子どもや障害のある子どもなどへの支援、保護者対応や地域の子育て支援など、ますます多様な役割が求められており、保育士の資質および専門性の向上は喫緊の課題となっています。

　このような状況のなか、2017（平成29）年3月の保育所保育指針、幼稚園教育要領、幼保連携型認定こども園教育・保育要領の改定・改訂、2018（平成30）年4月の新たな保育士養成課程の制定を受け、これまでの『基本保育シリーズ』を全面的に刷新し、『新・基本保育シリーズ』として刊行することになりました。

　本シリーズは、2018（平成30）年4月に新たに制定された保育士養成課程の教科目の教授内容等に準拠し、保育士や幼稚園教諭など保育者に必要な基礎知識の習得を基本に、学生が理解しやすく、自ら考えることにも重点をおいたテキストです。さらに、養成校での講義を想定した目次構成になっており、使いやすさにも配慮しました。

　本シリーズが、保育者養成の現場で、保育者をめざす学生に広く活用されることをこころから願っております。

公益財団法人　児童育成協会

はじめに

　新しい保育所保育指針、幼稚園教育要領、幼保連携型認定こども園教育・保育要領（以下、新しい指針等）が2017（平成29）年3月に告示された。2018（平成30）年4月から施行され、これに基づく保育が実施されている。この新しい指針等には、保育所、幼稚園、幼保連携型認定こども園に共通して、幼児教育を行う施設としてふまえておくべき事項が2つ明記されている。その1つは「育みたい資質・能力」であり、もう1つは「幼児期の終わりまでに育ってほしい姿」である。これらが明記された背景には、「世界に誇る（日本の）幼児教育・保育を（世界中の）すべての子に」という大きな夢と希望があると推測できる。

　このような新しい指針等の告示を受け、「児童福祉法施行規則第6条の2第1項第3号の指定保育士養成施設の修業教科目及び単位数並びに履修方法」（平成13年5月23日厚生労働省告示第198号）が改正され、保育士養成課程の教科目が再編された。また、「指定保育士養成施設の指定及び運営の基準について」（平成15年12月9日雇児発第1209001号）の一部も改正され、「教科目の教授内容」もあらためられた。これらを受けて、本書が属する「新・基本保育シリーズ」は企画された。

　新・基本保育シリーズの基本方針としては、基本保育シリーズのそれが踏襲された。すなわち、①厚生労働省通知の「教科目の教授内容」に完全に対応させる、②講義科目については、基本的な学習内容（Step1）、基本を深めた学習内容（Step2）、より発展的な学習内容（Step3）、演習科目については、基本的な事項、演習の前提となる解説（Step1）、演習課題（Step2）、課題を終えての解説、研究紹介など（Step3）という3つのStepから構成する、③Step1と2ではそれぞれ4頁、Step3は2頁で構成する。そのため、この新・基本保育シリーズは、「世界に誇る（日本の）幼児教育・保育を（世界中の）すべての子に」という大きな夢と希望を、基本保育シリーズの方針で再構成したものといえよう。

　さて、「子どもの理解と援助」は、新しい保育士養成課程で新設された科目である。保育の対象の理解に関する科目に位置づけられており、演習で1単位と指定されている。この位置づけや履修方法および単位数は、従来の「保育の心理学Ⅱ」と同じである。しかしながら、その目標には大きな違いがある。従来の「保育の心

理学Ⅱ」の目標が「子どもの心身の発達と保育実践について理解を深める」「生活と遊びを通して学ぶ子どもの経験や学習の過程を理解する」「保育における発達援助について学ぶ」の３つであったのに対して、「子どもの理解と援助」の目標は、「保育実践において、実態に応じた子ども一人一人の心身の発達や学びを把握することの意義について理解する」「子どもの体験や学びの過程において、子どもを理解する上での基本的な考え方を理解する」「子どもを理解するための具体的な方法を理解する」「子どもの理解に基づく保育士の援助や態度の基本について理解する」の４つとなった。子どもの発達や学びに関する心理学の知見を、単なる知識にとどめず、保育者が実践に即して使いこなすことが求められるようになった現状をふまえた見直しととらえられる。

　「子どもの理解と援助」の内容として、18の標準的事項が定められている。それを本書の15講に落とし込んだものが、ⅵページにある対応表である。幸いなことに、「保育の心理学Ⅱ」の執筆者を中心に、保育者の養成にたずさわり、かつ各講の内容に詳しい方に執筆を依頼することができた。忙しいなか、時間をとり、玉稿を執筆くださった方々に感謝したい。

　本書が対象としている読者は、保育士養成校の学生である。ぜひ演習を活用し、授業のなかで仲間とともに、あるいは授業外で自分たちで主体的に学んでほしい。これから求められる保育者になる力がつくことを保証する。特に、仲間とともに学ぶ時間を大切にしてもらいたい。そうすることで、学んだことが単なる知識で終わらず、実践で使える可能性が高まるからである。また本書は、現職の保育者が手に取ることも想定している。そのため、演習課題については、園内研修で活用すると、保育の質が向上するものをも含めている。ぜひ、職員同士で学び合う研修を企画していただきたい。正解がなく、最適解を協働で創っていく時代になってきているからである。本書が、授業や研修で活用されることを願っている。

2019年１月

清水益治・森　俊之

本書の特徴

- 3Stepによる内容構成で、基礎から学べる。
- 国が定める養成課程に準拠した学習内容。
- 各講は見開きで、見やすく、わかりやすい構成。

Step1 レクチャー

基本的な学習内容

保育者として必ず押さえておきたい
基本的な事項や特に重要な内容を学ぶ

Step3

1. 社会的ひきこもり・シャイな子どもの葛藤

これまでは、子どもの葛藤やつまずきが比較的表面的に現れている行動や場面を扱ってきたが、表面化せずに子どものなかで葛藤が生じている場合もある。ルビンとコプラン（2013）は、仲間が存在しているにもかかわらず、一人で過ごしている子どもを社会的ひきこもりやシャイネスという観点から研究している。そしてそのなかに社会恐怖や不安から、仲間とかかわりたいがかかわれないという内面では葛藤を抱えている子どもたちがいることを示している。乳幼児期からその特徴は顕著に現れるが、養育の影響も指摘されている。例えば、乳幼児期の子どもをもつ親が、子どもに対して鈍感であったり、過保護であったり、嘲笑・過度な批判を行っている場合、社会的ひきこもりの傾向を強めるとの結果が得られている。一方で、感受性が高く、あたたかみがあり、賞賛をともなった養育がなされた場合、社会的ひきこもりの傾向が軽減されることも指摘されている。また、社会的ひきこもりの子どもが仲間から拒絶、排除、被害を受けると心理社会的困難を経験することが増えるが、拒絶や排除を経験しなければ適応上の問題は少なくなるとされている。このような子どもの内面の葛藤は気づかれにくいが、保育場面では、養育の研究結果を参考にするとともに、子どもが感じる社会恐怖や不安との葛藤と仲間関係に配慮した援助をしていく必要がある。

2. 攻撃行動の多い子どもに影響を及ぼす要因

いざこざや自分の思うとおりに進まないときに他児に手を出す攻撃行動が多い子どもは幼児期の後半や児童期までその行動が継続し、周囲への悪影響を及ぼす問題

パーシュミット＆ダッジ、2013）。したがって、ただ単にがまんする練習をするというような自己抑制を強いる以外の、攻撃行動に影響する要因に目を向けた援助の選択肢（他者の意図理解をうながす、仲間関係の修正を図るなど）を考慮すべきである。

3. 葛藤に対する自己制御（自己主張・自己抑制）という観点

葛藤はやりたいことが壁にぶつかってできない状態であるが、要求が仲間に拒否された場合には努力して自己主張する、もっと遊びたいのにお片づけの時間になった場合は、自己抑制して片づけるように自己制御という観点から考えることができる。柏木（1988）は、この自己抑制と自己主張の2つの側面を合わせて自己制御機能と呼び（表7-5）、そのバランスの必要性を指摘している。その場の状況に応じて自己主張すべきか、自己抑制すべきかの判断は変化するが、子どもが今、何に葛藤しているのかの考察や保育者の援助を考える際の参考にしてほしい。

表7-5 自己制御の各因子と項目例（柏木、1988をもとに筆者が作成）

	因子		項目例
自己主張	拒否・強い自己主張	自分の意志に反するものに対する拒否や抵抗	嫌なことは、はっきり嫌と言える
	遊びへの参加	仲間の貸し借り、参加の要求、協同的行動	入りたい遊びに自分から「入れて」と言える
	独自性・能動性	自分のアイディアの表現、課題への能動的かかわり	遊び方や制作などにアイディアをもっている（保育者にテーマをきかずに、自分のアイディアでどんどんする）
自己抑制	遅延可能（待てる）	欲求充足の遅延、ルール・数の遵守	ブランコやすべり台を何人かの友だちと一緒に使え、かわりばんこができる
	制止・ルールへの遵守	制止やルールの遵守	制止するとがまんできる*
	フラストレーション耐性	欲求が満たされない場合にがまんすること	悲しいこと、くやしいこと、つらいことなどの感情をすぐ爆発させずに抑えられる
	持続的対処・根気	困難な課題や失敗に対する積極的で粘り強い対処	ちょっと失敗したりうまくいかないと、すぐあきらめてしまう*

※ * は逆転項目。

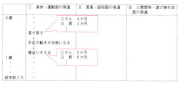

表13-3 記録の書き込み例

人間関係・遊び等社会面」について、どのような発達がみられるか、6人程度の小グループで「発達過程」を視覚化する（図13-2）。図中左端へ、おおよその年齢区分を書いてもよい。
② 各自が持ち寄った赤ちゃん発達インタビューメモをもとに、①で作成した表へ、一人ひとりの記録を書き込む（表13-3の吹き出し部分）。
③ 表を見ながら、次の2点について自分の考えをまとめ、グループ内の話し合いでさらに考えを深め、まとめる。表13-4のように両者を対比させるとよい。
ⅰ 発達の方向性や順序性、個人差など、図を見て気がついたこと
ⅱ ある保護者が、「0歳児クラスのお友だちはほとんど寝返りをしているのに、うちの子だけまだ寝返りをしません」と心配している。もしもあなたがこのクラスの担任ならば、ふだんの保育で、どのような点を観察し、どのような工夫をする。また、保護者にどのような言葉をかけるか。子ども理解や保護者支援の視点、人的環境や物的環境の視点など、さまざまな角度から、発達の課題に応じた援助とかかわりについて考えてみよう。

表13-4 考えまとめ（回答欄）

自分の考え	ほかの人の考え（話し合いで気づいたこと）

Step3 プラスα

発展的な学習内容

近年の動向、関連領域の知識など、発展的な内容を学ぶ

Step2 プラクティス

演習課題と進め方

Step1の基本内容をふまえた演習課題で、実践に役立つ知識や考える力を養う

保育士養成課程──本書の目次
対応表

　指定保育士養成施設の修業教科目については国で定められており、養成課程を構成する教科目については、通知「指定保育士養成施設の指定及び運営の基準について」(平成15年雇児発第1209001号) において、その教授内容が示されている。

　本書は保育士養成課程における「教科目の教授内容」に準拠しつつ、授業で使いやすいよう全15講に目次を再構成している。

子どもの理解と援助「教科目の教授内容」	本書の目次
1. 子どもの実態に応じた発達や学びの把握	
(1) 保育における子どもの理解の意義	第1講　保育における子ども理解の意義
(2) 子どもの理解に基づく養護及び教育の一体的展開(※)	
(3) 子どもに対する共感的理解と子どもとの関わり	第2講　子どもに対するかかわりと共感的理解
2. 子どもを理解する視点	
(1) 子どもの生活や遊び	第3講　子どもの生活や遊び
(2) 保育の人的環境としての保育者と子どもの発達	第4講　保育の人的環境としての保育者と子どもの発達
(3) 子ども相互の関わりと関係づくり	第5講　子ども相互のかかわりと関係づくり
(4) 集団における経験と育ち	第6講　集団における経験と育ち
(5) 葛藤やつまずき	第7講　発達における葛藤やつまずき
(6) 保育の環境の理解と構成	第8講　保育の環境の理解と構成
(7) 環境の変化や移行	第9講　環境の変化や移行
3. 子どもを理解する方法	
(1) 観察	第10講　子ども理解のための観察・記録と省察・評価
(2) 記録	
(3) 省察・評価	
(4) 職員間の対話	第11講　子ども理解のための職員間の対話
(5) 保護者との情報の共有	第12講　子ども理解のための保護者との情報共有
4. 子どもの理解に基づく発達援助	
(1) 発達の課題に応じた援助と関わり	第13講　発達の課題に応じた援助とかかわり
(2) 特別な配慮を要する子どもの理解と援助	第14講　特別な配慮を要する子どもの理解と援助
(3) 発達の連続性と就学への支援	第15講　発達の連続性と就学への支援

※「子どもの理解に基づく養護及び教育の一体的展開」については、第1講だけでなく本書全体を通じて扱っている。

CONTENTS

新・基本保育シリーズ　刊行にあたって
はじめに
本書の特徴
保育士養成課程――本書の目次　対応表

第1講　保育における子ども理解の意義

Step1
1. 保育者の仕事と子ども理解 ……………………………………………………… 2
2. 保育所保育指針と子ども理解 …………………………………………………… 3

Step2
演習1　ある子どもに試行錯誤を経験させるには、保育者がどのようなことを意識して保育する必要があるかを考えてみよう …………………… 6
演習2　園の子どもが「考えることが好き」になるには、保育者がどのようなことを共通理解しておく必要があるかを考えてみよう ………………… 8

Step3
1. 子ども理解の3つの段階 ………………………………………………………… 10
2. 子ども理解の広さと深さ ………………………………………………………… 11

COLUMN　子どもの理解に基づく養護および教育の一体的展開 ……………… 12

第2講　子どもに対するかかわりと共感的理解

Step1
1. 共感的理解とは …………………………………………………………………… 14
2. カウンセラーに求められる本質的態度 ………………………………………… 14
3. 受容や共感的理解を表現するための方法 ……………………………………… 15
4. 保育における共感的理解 ………………………………………………………… 17

Step2
演習1　話し手に共感的理解を示す練習をしよう ………………………………… 18
演習2　子どもの言動に共感的理解を示そう ……………………………………… 20

Step3　アクスラインの遊戯療法の8原則 ………………………………………… 22

第3講　子どもの生活や遊び

Step1
1. 乳幼児の生活と基本的生活習慣の獲得 ………………………………………… 26
2. 乳幼児期の遊び …………………………………………………………………… 27

Step2
演習1　乳幼児期の子どもの生活の実態と、保育所等で実施される生活習慣形成をうながす指導の実際をより詳しく知ろう ………………… 30

| | | 演習2 | 乳幼児を対象に、実際の自由遊び場面を観察・記録し、その記録を振り返ることを通して、子どもたちの遊びを支える環境について考えよう ………………………………………………………… 32 |

Step3
1. 保育所等に求められる安全の確保 …………………………………… 34
2. 保育所等内での活動中に生じうるさまざまなけがや事故 …………… 34
3. 自分で自分を守る力を育てること …………………………………… 34
4. 安全に、挑戦できる環境をつくること ………………………………… 35

第4講　保育の人的環境としての保育者と子どもの発達

Step1
1. 子どもの発達と保育者の役割 ………………………………………… 38
2. 環境としての自らの立ち位置を考える ………………………………… 39
3. 保育者のかかわりで子どもが変わる …………………………………… 40

Step2
演習1　子どもと保育者のかかわりから生じる相互作用について考えてみよう …………………………………………………………………… 42
演習2　新入園児との出会いや初期のかかわりにおいて、どのような点に注意すべきかを年齢段階ごとに整理してみよう ………………… 44
演習3　子どもが「他者の気持ちを推し量る」ことを促進するようなかかわり方を考えてみよう …………………………………………………… 45

Step3
1. 子どもの発達と人的環境の相互作用に関する研究の現在 …………… 46
2. 子どもの心の理論を発達させる ………………………………………… 46

第5講　子ども相互のかかわりと関係づくり

Step1
1. 3歳未満児におけるかかわり …………………………………………… 50
2. 3歳以上児におけるかかわり …………………………………………… 51
3. 子ども相互のかかわりを生み出すもの ………………………………… 53

Step2
演習1　3歳未満児において、仲間とかかわるきっかけやそれをつなげる保育者の役割について考えてみよう ………………………………… 54
演習2　3歳以上児において、子ども相互のかかわりを深めたり、遊びを豊かにするための環境構成や援助について考えてみよう ……… 56

Step3
1. 子ども相互のかかわりのなかでの物を介するいざこざ ……………… 58
2. 遊びを通した子ども相互のかかわり …………………………………… 59

第6講　集団における経験と育ち

Step1
1. クラス集団との出会い　62
2. 遊び集団の成立過程　62
3. 異年齢集団のなかでの子どもの育ち　64

Step2
演習1　グループワークを通して、クラスで鬼ごっこを楽しむうえでの配慮点について考えよう　66
演習2　子どもの意見を大切にしながら話し合いを進めるうえで必要な保育者のかかわりを考えよう　68

Step3
1. 集団遊びの成立・発展にかかわる保育者の援助　70
2. 集団遊びの成立に対する保育者の役割　71

第7講　発達における葛藤やつまずき

Step1
1. 葛藤やつまずき　74
2. いざこざの発達的変化と保育者の援助　74
3. 自我の発達にかかわるつまずきと保育者の援助　76

Step2
演習1　いざこざ場面の発達的特徴を読み取り、保育者の援助とねらいについて考えてみよう　78
演習2　葛藤やつまずきの場面で、子どもの行動の背景を考察し、保育者の援助について考えてみよう　80

Step3
1. 社会的ひきこもり・シャイな子どもの葛藤　82
2. 攻撃行動の多い子どもに影響を及ぼす要因　82
3. 葛藤に対する自己制御（自己主張・自己抑制）という観点　83

第8講　保育の環境の理解と構成

Step1
1. 環境とは　86
2. 子どもと環境　87
3. 保育者と環境　88
4. 環境構成の原則　89

Step2
演習1　自分と環境とのつながりを意識的に感じてみよう　90
演習2　環境構成の楽しさと難しさを疑似体験しよう　92

Step3
1. 環境が脳をつくる　94

2. アフォーダンス ……………………………………………………………… 95

第9講　環境の変化や移行

Step1　1. 環境の変化や移行とは …………………………………………………… 98
　　　　 2. さまざまな環境の変化や移行の場面 ………………………………… 99
　　　　 3. 環境の変化や移行に影響する要因 …………………………………… 100

Step2　演習1　自分自身が環境の変化に直面したときのことを思い出し、感じたことやそのときにとった行動等を整理しよう …………… 102
　　　　 演習2　環境の変化を経験する子どもの心の動きを考え、その子どもへの援助として具体的に何ができるか考えてみよう …………… 104

Step3　環境の変化や移行と保護者 …………………………………………… 106

第10講　子ども理解のための観察・記録と省察・評価

Step1　1. 保育における「子ども理解」とは ……………………………………… 110
　　　　 2. 子どもを理解する方法 ………………………………………………… 111

Step2　演習1　子どもの姿から子どもの発達状況や子どもの気持ち、興味・関心を予測しよう ………………………………………………… 114
　　　　 演習2　心理検査の結果をもとに、子どもの発達状況を理解しよう …… 116

Step3　1. 子ども理解を出発点とした保育のプロセス ………………………… 118
　　　　 2. 保育の質や保育のプロセスを評価するさまざまな方法 …………… 119

第11講　子ども理解のための職員間の対話

Step1　1. 保育における対話と協働 ……………………………………………… 122
　　　　 2. 対話の機会を生む保育カンファレンス ……………………………… 123

Step2　演習1　対話と協働の意味について確認したあとに、グループで作業をしながら対話ができているか、協働していくためには何が必要かを考えてみよう ……………………………………………………… 126
　　　　 演習2　1人の子どもについて模擬保育カンファレンスを行い、自分の子ども理解を振り返るために必要なことについて考えてみよう …… 128

Step3　保育者間の対話から地域との協働へ …………………………………… 130

第12講　子ども理解のための保護者との情報共有

Step1
1. 保育所保育指針等にみる保護者との情報共有 ……… 134
2. 保護者との情報共有の意義 ……… 134
3. 子ども理解のための保育者と保護者との情報共有の方法 ……… 136

Step2
演習1　子どもを理解するために、保育者と保護者が共有したい情報を予想し、情報共有する方法を考えよう ……… 138
演習2　連絡帳への返信内容を考えてみよう ……… 139

Step3
1. 子ども理解のための保護者との情報共有のポイント ……… 142
2. 「食事の連絡帳」を用いた実践的な取り組みの紹介 ……… 143

第13講　発達の課題に応じた援助とかかわり

Step1
1. 個人差と発達過程 ……… 146
2. 発達の最近接領域 ……… 148
3. 発達の課題に応じた保育実践 ……… 149

Step2
演習1　「発達過程」の視覚化を通じ、「発達の課題に応じた援助とかかわり」を考えよう ……… 150
演習2　事例研究を通して、「発達の課題に応じた援助とかかわりに、集団が欠かせない理由」について考えよう ……… 152

Step3　保育の計画からみる、発達の課題に応じた援助とかかわり ……… 154

第14講　特別な配慮を要する子どもの理解と援助

Step1
1. 特別な配慮を要する子どもとは ……… 158
2. 特別な配慮とインクルーシブ保育 ……… 160
3. 特別な配慮を要する子どもを理解する方法 ……… 160

Step2
演習1　「気になる子ども」とは、どのような子どもの姿であるかを考えてみよう ……… 162
演習2　ICFを活用して支援方法を検討してみよう ……… 164

Step3
1. 理解されにくい子どもへの配慮と援助 ……… 166
2. 特別な配慮と合理的配慮 ……… 167

COLUMN　特別な配慮を要する子どもの支援体制 ……… 168

第15講　発達の連続性と就学への支援

Step 1
1. 幼小接続期における子どもの発達と学びの連続性 ……………… 170
2. 幼小接続期の子どもと保護者を支える …………………………… 171
3. 幼小接続期におけるさまざまな連携——要録と就学支援シート … 172

Step 2
演習1　接続期カリキュラムについて調べよう …………………… 174
演習2　幼小交流事例から学ぼう …………………………………… 176

Step 3
1. 放課後児童クラブ（学童保育）との連携 ………………………… 178
2. 海外の幼小接続——デンマークの場合 …………………………… 178

COLUMN　デンマークのＡ国民学校の例 ………………………… 180

索引
企画委員一覧
編集・執筆者一覧

第1講

保育における子ども理解の意義

本講では、子ども理解が保育にどのようにかかわるのかを学ぶ。Step1では保育者の仕事をふまえたうえで、保育所保育指針で求められている子ども理解について解説する。Step2では保育を構想するなかで、子ども理解の位置づけについて考える。そしてStep3では、子ども理解の段階やその広さ、深さについて学ぶ。

Step 1

1. 保育者の仕事と子ども理解

　図1-1は、保育者の保育の仕事を図式化したものである。保育者はまず保育の目標を設定する。この設定にあたっては保育所保育指針（以下、保育指針）の第2章の記述が最低基準となる。次に指導計画を作成する。この作成には、第1章の「3　保育の計画及び評価」が基本となる。続いて保育を準備する。教材研究や環境構成がこれに含まれる。ここでも第1章の「1　保育所保育に関する基本原則」に基づく必要がある。次が保育・指導・援助である。保育者が子どもとかかわるのはこの業務のときである。最後が評価である。保育を振り返り、子どもの姿に照らして、保育目標の達成度、指導計画の完成度、保育の準備の万端度、指導や援助の適切さなどを評価する。

　この「子どもの姿に照らして」の部分こそ、子ども理解の部分である。子どもの過去の経験や育ちをふまえて目標を設定する。子どもの育ちから期待を込めて計画を立てる。子どもの今の姿から予想して保育を準備する。子どもとかかわりながら子どもの状況を判断して指導や援助を行う。このように考えるなら、保育者の仕事の下の位置、すなわち基礎や基盤となる部分に子ども理解があり、その上に5つの業務が乗っているとイメージできよう。

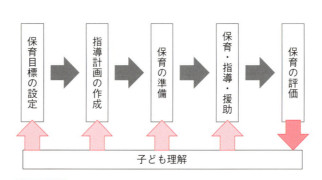

図1-1　保育者の仕事

2. 保育所保育指針と子ども理解

保育の方法

　保育指針の「第1章　総則」の「1　保育所保育に関する基本原則」の「(3)　保育の方法」に「オ　子どもが自発的・意欲的に関われるような環境を構成し、子どもの主体的な活動や子ども相互の関わりを大切にすること。特に、乳幼児期にふさわしい体験が得られるように、生活や遊びを通して総合的に保育すること」とある。この記述のなかの「乳幼児期にふさわしい体験」こそが、保育に深い子ども理解が求められるゆえんである。

　「乳幼児期にふさわしい体験」を子どもたちにさせるには、保育士等が子どもと生活や遊びをともにしながら、その子どもたちが、今、何に興味をもっているのか、何を楽しんでいるのかをとらえ続けていくことが求められる。これらをとらえたうえで子どもにかかわることが図1-1に示したような、子ども理解から保育・指導・援助や保育の準備にかけて下から上に伸びる矢印にあたる。

　一人ひとりの子どもに「乳幼児期にふさわしい体験」を保証するためには、一人ひとりの子どもが、今、何を経験しているのか、その経験が充実した体験になっているかどうかを見極める必要がある。ここでいう充実した体験は、環境に自発的、意欲的にかかわり、主体的に活動し、楽しんで生活したり、夢中になって遊んだりしていることが前提となる。一人ひとりの子どもがこのような体験をしているかどうかを意識して保育していくことが求められる。

　保育士等が望ましいと思う活動を子どもに求めているだけでは、「乳幼児期にふさわしい体験」につながらない。なぜなら「乳幼児期にふさわしい体験」は、一人ひとりが自らの経験を体験化していくものであり、そのもととなる経験が一人ひとり違うからである。そのため保育士等は、一人ひとりの子どもの経験をふまえ、その経験の上に、新たな経験が積み重なるように、環境を構成したり、必要な経験を見すえて、それに応じた援助をしていくことが必要になる。

　このように一人ひとりを深く理解することは、その子どもらしさを大切にすることである。その子どもが、自分のよさを発揮しつつ、育っていく過程を重視していくことにもつながる。その際、子どもは自分の心の内面を言語化できないので、保育士等には、行動や動き、表情などの非言語的な情報をていねいに感じとることが求められる。この方法としては、記録が有効である。詳細な場面とともに子どもの行動や動き、表情などを書き留めておくことで、その子らしさがみえてくる。

指導計画の作成と展開

　保育指針の第1章の「3　保育の計画及び評価」の「⑵　指導計画の作成」に「ア　…子どもの生活や発達を見通した長期的な指導計画と、それに関連しながら、より具体的な子どもの日々の生活に即した短期的な指導計画を作成しなければならない」とある。長期的な指導計画の作成で子どもの生活や発達を見通すためには、子どもの発達とその節目をとらえること、短期的なそれの場合に子どもの日々の生活に即するためには、子どもがどのようなことに興味や関心をもっているのか、どのように遊んだり、生活をしているのか、何を楽しんでいるのかを知ることが必要である。これらは子ども理解にほかならない。

　同じく「イ　指導計画の作成に当たっては…、子ども一人一人の発達過程や状況を十分に踏まえる…」とある。そして「㈦　3歳未満児については、一人一人の子どもの生育歴、心身の発達、活動の実態等に即して、個別的な計画を作成すること」「㈣　3歳以上児については、個の成長と、子ども相互の関係や協同的な活動が促されるよう配慮すること」「㈥　異年齢で構成される組やグループでの保育においては、一人一人の子どもの生活や経験、発達過程などを把握し、適切な援助や環境構成ができるよう配慮すること」とある。これらはいずれも、一人ひとりの子どもの理解に基づく指導計画の作成を求めている。

　また、「ウ　指導計画においては、保育所の生活における子どもの発達過程を見通し、…子どもの実態に即した具体的なねらい及び内容を設定すること。また、具体的なねらいが達成されるよう、子どもの生活する姿や発想を大切にして適切な環境を構成し、子どもが主体的に活動できるようにすること」とある。発達過程の見通し、実態に即したねらいおよび内容の設定、子どもの姿や発想を大切にした環境構成、子どもの主体的な活動には、子ども理解が基盤となる。

　第1章の3の「⑶　指導計画の展開」には、「イ　…子どもが望ましい方向に向かって自ら活動を展開できるよう必要な援助を行うこと」とある。子どもが望ましい方向に向かって自ら活動を展開しているかどうかを理解する必要がある。また「ウ　子どもの主体的な活動を促すためには、…子どもの情緒の安定や発達に必要な豊かな体験が得られるよう援助すること」ともある。子どもが主体的に活動しているかどうか、情緒が安定しているかどうか、必要な豊かな体験をしているかどうかを理解し、それを指導計画に反映させることが求められている。

　以上の記述は、**図1-1**の子ども理解から指導計画の作成と保育目標の設定にかけて下から上に伸びる矢印にあたる。

保育士等の自己評価

　第1章の3の「(4) 保育内容等の評価」の「ア　保育士等の自己評価」には、「(イ) 保育士等による自己評価に当たっては、子どもの活動内容やその結果だけでなく、子どもの心の育ちや意欲、取り組む過程などにも十分配慮するよう留意すること」とある。この記述には3つのポイントがある。その1つは、評価と子ども理解の関係であり、評価することに子ども理解が含まれる。図1-1で保育の評価から子ども理解に伸びている下向きの矢印のことである。なお、評価することには、第1章の3の(4)のアの(ア)にあるように、保育士等の専門性の向上や保育実践の改善も含まれている。

　2つ目のポイントは、子ども理解にあたっては、子どもの活動内容や結果をまずとらえる必要があるということである。活動内容や結果とは、目に見える部分、すなわち行動レベルのことである。これらを客観的にとらえることから子ども理解は始まる。ここでいう「客観的にとらえる」には、保護者や保育士等以外の第三者にも正確に伝えられることが重要である。正確に伝えるためには、行動だけでなく、その行動が行われた状況、背景、環境などを同時に伝えるとよい。これらも同時に記録する習慣をつけたい。

　最後のポイントは、子ども理解を、行動レベルにとどまらせず、子どもの心の育ちや意欲、取り組む過程など、子どもの内面のレベルにも焦点をあてるよう心がける必要があるという点である。実際に保育をしていると、子どもの表情や動きの素早さ、声の調子などから、子どもの内面に気づくことが多い。しかしながら、これらは一瞬のことであり、うまく伝えるのは難しい。2つ目のポイントで述べた客観性を重視すればするほど、これらは主観的な内容ととらえられがちで、記録に残りにくいからである。

　そこで、2つのことを推奨する。その1つは、記録を工夫することである。まず客観的な記録を作成し、それにこのような主観的な内容を付け加えるとよい。このような内容を書く欄を別に設けたり、色を変えたりすると区別がしやすい。1つの文のなかに混在させるのは、第三者に伝わりにくくなるため、避けるほうがよい。もう1つの推奨事項は、第1章の3の(4)のアの(ウ)にある「職員相互の話し合い」を活用することである。話し合いは、客観的な事実を報告し合うことから始まるが、そこでとどまるのではなく、それをふまえて、子どもの内面を伝え合うのである。話し合いの深さが問われるが、子どもの内面をとらえる習慣づけにも役立つ。

Step 2

> **演習 1** ある子どもに試行錯誤を経験させるには、保育者がどのようなことを意識して保育する必要があるかを考えてみよう

課題

① 一人の子どもを想定し、その子どもが試行錯誤(しこうさくご)を経験する場面(環境設定、準備)、保育者のかかわり、試行錯誤中の子どもの姿を考える。

② 5名くらいの小グループでお互いに考えた場面、かかわり、子どもの姿を共有し、自分の考えで不十分であった部分を考える。

③ 各自3名の子どもについて考え、小グループで情報を共有し、共通点を考える。

進め方

(1)準備するもの

表1-1に示すような記録用紙を一人につき3枚。この表の「遊び場面の環境設定・準備」と「情報共有や話し合いで気づいたこと」の欄は、自由に書ける空欄として十分にとっておく。前者の欄には、図などを使って書いてもよいことにする。後者の欄には、自分の考えで不足していたと思う部分やグループメンバーの考えでよいと思った部分を自由に書くことにする。

(2)方法

① 5名くらいの小グループで、想定する子どもの年齢のみを決める。

② 個人で、その年齢のある子どもを想定し、性別と特徴(とくちょう)を簡単に書く。例えば、好きな遊びやこれまでの経験を特徴としてもよい。

③ 個人で、その子どもが試行錯誤を経験する場面の環境設定や準備、その場面での保育者のかかわり、そのようにかかわることでその子どもが見せる姿を書いてみる。

④ グループで、考えたことを紹介し合い、「情報共有や話し合いで気づいたこと」の欄を埋める。

⑤ ①から④を繰り返し、一人が3人の子どもを想定して、3枚の**表1-1**の用紙を完成させる。

⑥ グループの人数×3枚の完成した用紙を机上に並べ、環境やかかわりの共通点を話し合う。

Step1 **Step2 プラクティス** Step3

表1-1 想定した環境やかかわり、子どもの姿を書く用紙（参考例）

想定する子どもの特徴（年齢　　　性別　　　）
遊び場面の環境設定・準備
遊び場面でのかかわり
子どもが見せる姿
情報共有や話し合いで気づいたこと

解説

　表1-1には、子ども理解に関して2つの内容、すなわち、「想定する子どもの特徴」と「子どもが見せる姿」が入っている。これらが「遊び場面の環境設定・準備」と「遊び場面でのかかわり」につながっている。このことは、図1-1で述べたように、子ども理解に基づいて教材研究や環境構成といった保育の準備をしたり、子ども理解に基づいてかかわる、すなわち保育・指導・援助を行うことを示している（下からの矢印参照）。

　「試行錯誤」は、保育所保育指針（以下、保育指針）には4つの記述がある。すなわち、「第2章　保育の内容」の「2　1歳以上3歳未満児の保育に関わるねらい及び内容」の「(2)　ねらい及び内容」の「オ　表現」の「(ウ)　内容の取扱い」の②、「3　3歳以上児の保育に関するねらい及び内容」の「(2)　ねらい及び内容」の「イ　人間関係」の「(ウ)　内容の取扱い」の①と③、そして、「4　保育の実施に関して留意すべき事項」の「(1)　保育全般に関わる配慮事項」のウの4つである。幼保連携型認定こども園教育・保育要領では、これらの該当箇所に加えて、「第1章　総則」の「第1　幼保連携型認定こども園における教育及び保育の基本及び目標等」の「1　幼保連携型認定こども園における教育及び保育の基本」にも記述がある。いずれも記述内容を確認しておこう。

第1講　保育における子ども理解の意義

> **演習2** 園の子どもが「考えることが好き」になるには、保育者がどのようなことを共通理解しておく必要があるかを考えてみよう

課題

① 3歳、4歳、または5歳の一人の子どもを想定し、その子どもが「考えることが好き」になるような経験をする場面の環境設定や準備、その場面での保育者のかかわり、そのようにかかわることでその子どもが見せる姿を考える。
② 同年齢の子どもを想定した5人くらいの小グループで、お互いに考えた場面、かかわり、子どもの姿を共有し、年齢に共通するものを考える。
③ 小グループでの考えを付箋等で示し、年齢間のつながりを考える。

進め方

(1) 準備するもの

付箋紙は受講者数×5枚程度。表1-2に示すような全体的にまとめるための様式。この様式は模造紙サイズなどにしてもよいし、黒板等に書いてもよい。

(2) 方法

① クラスを3つに分け、3歳児、4歳児、5歳児担当とする。
② 各年齢担当のなかでさらに5人程度のグループに分ける。
③ 個人で、当該の年齢の一人の子どもを想定し、性別と特徴を簡単に書く。
④ 個人で、その子どもが「考えることが好き」になるような経験をする場面の環境設定や準備、その場面での保育者のかかわり、そのようにかかわることでその子どもが見せる姿を書いてみる。
⑤ グループで考えたことを紹介し合い、「情報共有や話し合いで気づいたこと」の欄を埋めるとともに、もう1枚の用紙にその気づきを反映させた完成版を書く。
⑥ 年齢ごとに、用紙を机上に並べ、環境やかかわりの共通点を話し合い、付箋に環境やかかわり、子どもの姿のポイントを個人で書き出す。
⑦ 個人で書き出した付箋を、表1-2に貼り付ける。
⑧ 表を見て、各年齢の子どもにふさわしい環境やかかわりをグループで話し合う。
⑨ 話し合いの結果をまとめて報告し合う。

Step2 プラクティス

表1-2 全体的にまとめるための様式

	3歳児	4歳児	5歳児
遊び場面の環境設定・準備			
遊び場面でのかかわり			
子どもが見せる姿			

解説

「考えることが好き」は、保育指針の「第1章 総則」の「4 幼児教育を行う施設として共有すべき事項」の「(1) 育みたい資質・能力」の「思考力、判断力、表現力等の基礎」につながるものである。しかし、何に基づいて考えるかや考える目的をとらえれば、ほかの2つの資質・能力も欠かすことができない。

「考えること」を「思考」ととらえると、「(2) 幼児期の終わりまでに育ってほしい姿」には、「思考力の芽生え」がある。しかし「考えること」が友だちとのかかわりのなかで生じるととらえるならば、「協同性」「道徳性・規範意識の芽生え」「社会生活との関わり」「言葉による伝え合い」を抜きに「考えること」はできない。また、「自然との関わり・生命尊重」や「数量や図形、標識や文字などへの関心・感覚」なども「考える」きっかけを提供する。

上記のことをふまえると、「考えることが好き」は、小学校以降の学校教育でさまざまなことを学び、資質・能力を高めていくための基盤ともなるといえよう。

演習1で考えたような、ある経験をさせることと、この演習で考えたような、何かが好きになることとは、大きな違いがある。経験させることは、**Step 3**で述べる行動主義心理学の理論でも考えることができるが、好きになることには、意欲や動機づけの理論を抜きにして考えることはできない。また、経験させるには、単発的、あるいは比較的短期間でも可能だが、好きになるには積み重ねが必要になる。このあたりは**図1-1**では指導計画の作成にかかわる。子ども理解に基づく計画づくりが欠かせない。

Step3

1. 子ども理解の3つの段階

子どもの発達や学びの理解

　これには、発達や学びのプロセスの理解とメカニズムの理解が含まれる。プロセスとは発達や学びの道すじ、メカニズムとは発達や学びが生じる理由やそれらをうながす要因のことである。これらは心理学の研究領域では、理論にあたる。発達の理論ではピアジェ（Piaget, J.）の構成論やヴィゴツキー（Vygotsky, L.S.）の発達の最近接領域など、学習の理論では行動主義心理学、認知心理学、社会構成主義の理論などをふまえておくと、保育に理論的な裏づけが可能になる（これらの理論については、清水・森（2013）が参考になる）。

個人差の理解

　保育所保育指針（以下、保育指針）の第1章の1の(3)のウに、「子どもの発達について理解し、一人一人の発達過程に応じて保育すること。その際、子どもの個人差に十分配慮すること」とある。ここでは2つの点に気をつけたい。その1つは、個人差にも個人間の差と個人内の差がある点である。個人間の差とは、例えば発達過程という同一の物差しの上に子どもをあてはめて、ある子どもは発達が早い、別のある子どもはそれが遅いなどといった個人間の比較という点に注目することである。これに対して個人内の差とは、同じ子どものなかで○○は得意だが、△△は苦手などといった個人内の特性の比較という点に注目することである。

　もう1つの気をつけたい点は、量的な個人差と質的な個人差がある点である。量的な個人差とは、上記のような早い・遅いや得意・苦手を量的にとらえること、すなわち、基準を同一線上におくことである。これに対して質的な個人差とは、量的にはとらえられない。例えば、ある場面では（あるときには）、Aくんは□□をするが、Bくんは▽▽する、あるいはCちゃんは、ある場面で（あるときに）□□するが、別のある場面（あるとき）には▽▽するなどというように、場面（とき）と行動が両方異なるので、同一線上の基準がつくれないことがある。言葉で詳細に書き表すしかない個人差である。

その子の特性の理解

　ここでいう特性とは、その子にしかあてはまらない性質や傾向のことである。これまでの理解は、比較を前提としてきた。個人間の比較、個人内の比較、場面（時

間）間の比較である。これらの理解は、その子の理解には違いないが、その子の行動の予測にはつながらない。これに対して、その子の特性を理解することは、比較に頼らない。ある場面ではこういう行動をしたという保育者の経験から、この子は、こういう場面ではこういう行動をするだろうという予測を導く。理解で終わるのではなく、その先にある個人の行動の予測につながる。

2. 子ども理解の広さと深さ

　3つの段階の子ども理解のそれぞれについて、広さと深さを仮定できる。ここでは、個人の行動の予測につながるその子の特性の理解について考える。

子ども理解の広さ

　広さとは、場面の豊富さのことである。その子の特性の理解の段階まで進み、さまざまな場面での行動をふまえ、まったく別の場面での行動を予測できれば、その子を広く理解しているといえる。ふまえる行動の場面が類似(るいじ)のものでは、予測できる場面や行動は限られる。さまざまな場面のさまざまな行動を予測できてはじめて広い理解になる。

　広い理解は指導計画を立てるのに役立つ。多くの子どもに対してこのような広い理解ができていれば、新しい場面でもその子どもたちの行動が予測できる。指導案の「予想される子どもの姿」を書くのに役立つのが、この広い理解である。

子ども理解の深さ

　深さとは、内面の理解のことである。これまでは主に行動面を中心に述べてきた。指導案で予測するのも行動であった。これに対して内面とは、そのような行動の背後にあり、行動を導くメカニズムの部分である。保育指針では、第1章の3の(4)のアの(イ)として紹介した「子どもの心の育ちや意欲、取り組む過程など」にあたる（**Step1（5ページ）参照**）。例えば、ドッジボールで自分がボールに当たったら、かんしゃくを起こしてゲームから抜けていた子どもが、外野に出てもチームのためにがんばって活躍したり、応援するようになったことを考えてみよう。この子どもは、友だちとの楽しい時間を過ごすために、葛藤(かっとう)を乗り越えたり、自分と向き合ったり、折り合いをつけることを覚えたと考えられる。このような内面の理解は、行動から推測するしかないが、子どもの成長を知るうえでは欠かせないものである。

引用文献

● 清水益治・森敏昭編著『0歳〜12歳児の発達と学び』北大路書房，2013.

COLUMN　子どもの理解に基づく養護および教育の一体的展開

　児童福祉施設の設備及び運営に関する基準（厚生省令）第35条には、「保育所における保育は、養護及び教育を一体的に行うことをその特性とし、その内容については、厚生労働大臣が定める指針に従う」と記されている。このことから、養護と教育の一体性については、保育所保育の前提といえる（この意味で、本書のすべての講にこの一体性は関係する）。なお、保育における「養護」とは、子どもの生命の保持および情緒の安定を図るために保育士等が行う援助やかかわりであり、「教育」とは、子どもが健やかに成長し、その活動がより豊かに展開されるための発達の援助である（保育所保育指針）。

　養護と教育が一体的に展開されているかどうかは、一般には指導計画を見ればわかる。年齢が低い子どもの指導計画の場合は「養護の視点」が明示されていることも多い。明示されていない指導計画や年齢が高い子どもの指導計画の場合でも、保育者の援助の欄を見ると、生命の保持および情緒の安定を図るための援助やかかわりが記されている場合が多い。例えば、5歳児の指導計画に「伸び伸びと体を動かして楽しむ姿をみとめながら、気持ちを解放して遊べるようにする」（『保育とカリキュラム』）などと書かれていれば、「養護」の視点が入っていると考えてよい。

　第1講では、保育が子どもの理解に基づくかかわりであることを学んだ。上記の例でこのことを考えてみよう。この例で保育者は、一人ひとりの子どもが「伸び伸びと体を動かして楽しむ姿」を見せているかどうか、「気持ちを解放して遊べ」ているかどうかを確認する必要がある。そうすることが、子どもの理解に基づき、養護および教育を一体的に展開する実践なのである。

（清水益治）

引用文献：『保育とカリキュラム』2018年11月号、p.110

第2講

子どもに対するかかわりと共感的理解

　本講では、子どもとかかわる際に重要とされる共感的理解について考える。Step1では、共感的理解の意味とともに、共感的に話を聴く際に効果的な表現技法について学ぶ。Step2では、2つのグループ演習を通して、共感的な話の聴き方や子どもとのかかわり方を体験的に練習する。Step3では、子どもの心理療法として用いられる遊戯療法での子どもとのかかわり方を参考に、子どもの遊びに対するかかわり方を考える。

Step 1

1. 共感的理解とは

　共感的理解とは、教育や保育、福祉領域などさまざまな対人援助の分野で使われるようになっているが、もともとはカウンセリングや臨床心理学の領域で用いられてきた考え方である。カウンセリングや臨床心理学では、心理相談をする相手（クライエント）のことを理解することが求められるが、クライエントを理解するあり方としては、大きく2つの理解の仕方があるとされている。1つは知的で客観的な理解であり、もう1つが共感的な理解である。客観的な理解とは、クライエントがどのような人で何に悩んでおり、どのような成育歴や問題歴を経てきて、どのような環境のなかで生活しているかなど、さまざまな情報をもとに外側から論理的にクライエントを理解することである。問題の原因を探り、支援の方法を検討するうえで大切なことである。それに対して、共感的な理解とは、クライエントの内的な感情や体験を治療者（カウンセラー）が自身の内的な体験を通して理解することである。共感的理解を重要視した心理学者として最も著名な人物として、来談者中心療法を提唱したロジャーズ（Rogers, C. R.）があげられる。

2. カウンセラーに求められる本質的態度

　ロジャーズは、治療者がクライエントの内的世界を、あたかも自分のものであるように感じとるということを共感的理解と呼び、カウンセリングにおいて重要なものとして力説した。ロジャーズは、カウンセラーに求められる本質的態度として、共感的理解を含む次の3つを取り上げた。こうした態度は、カウンセラーに限らず、さまざまな対人援助職において大切とされている。

① カウンセラーの純粋性

　カウンセラーに求められる第一の態度は、カウンセラーの純粋性であり、自身の内面で次々に湧き起こってくる感情や態度に十分開かれており、ありのままであるということである。人はさまざまな体験において、プラスの感情やマイナスの感情など多様な感情を体験するが、自分にとって嫌な感情や体験は隠したり否定したりしたいものである。こうしたマイナスの側面も含め、すべての自分自身を意識して受け入れている態度のことである。

② 無条件の積極的関心

　カウンセラーに求められる第二の態度は、どのような場合であっても、相手に心を寄せること、あるいは尊重することである。人は一般に、自分に興味のある

ことや自分の価値観に合うことには関心を示し、そうでないときには関心を示さなかったり否定したりする。自分自身のもっている価値判断をいったん脇におき、相手を評価せずに話を聴くことが大切である。

③ 共感的理解

カウンセラーに求められる第三の態度が、共感的理解である。クライエントが体験しつつある感情やその個人的な意味づけを、カウンセラーが正確に感じ取り、クライエントの感じているままに理解しようと努めることである。また、単にカウンセラーが理解するだけではなく、カウンセラーが理解したことをクライエントに伝えるということが大切である。

3. 受容や共感的理解を表現するための方法

相手に共感する場合、当然のことながら「感じる」ことが最も大切である。しかし、せっかくさまざまなことを感じていても、それをうまく表現することができなければ、感じたことが相手には伝わらず、感じたことが相手にうまく伝わらなければ結局のところ共感していることにはならない。それゆえに、共感的理解を豊かに表現するためには、表現の技術が身についていることも大切である。こうした共感的理解を表現する技術は、ある程度であれば日常的なやりとりのなかで、自然と身についていくものである。その一方で、共感的理解を表現する技術は、訓練や経験によって開発することのできる技術ともいえる。以下に、共感的理解を表現する技術の一部を紹介する。

相手の調子に合わせる

共感的な雰囲気をつくるうえで最も基本的なことは、姿勢や動作、話し方（声の調子、声量、速度など）などを、できるだけ相手に合わせることである。例えば、早口でしゃべる人に対してはこちらも早口で、小声で話す人に対してはこちらも小さな声で、身振りの大きい人に対してはこちらも大きな身振りをつけて話すことである。こうすることで、話をしている人は、自分の慣れ親しんだ雰囲気を感じ、リラックスしやすくなるし、話を聴いている人は、話をしている相手の特徴をまねることによって、相手の世界に少しでも近づくことができる。

相槌をうつ

相手の話のタイミングに合わせて「うんうん」「ええ」「はい」など短い言葉をは

さんだり、首を振るなど、相手の話を聴く際には相槌をうちながら聴くことが多い。相手の調子に合わせることが大切で、相手が小さな声で話しているのに聴き手の相槌が大きければ共感的とはいえないし、相手がゆっくりと話をしているのに聴き手が矢継ぎ早に相槌を入れればそれもまた共感的とはいえない。相手の調子に合わせ、あるときは軽く、あるときはゆっくりと、あるときは小刻みに、そしてあるときは力強く、相槌を使い分けることで共感的な雰囲気を表現することができる。

視線を合わせる

　人は関心や好意をもっているものに対して視線を向ける一方で、嫌っていたり避けようとしているものには視線を合わせようとはしない。それゆえ、相手に視線を合わせるだけでも、相手に対してプラスのメッセージを伝えることができる。ただし、視線を合わせるのがよいといっても、視線の合わせすぎは、逆に相手に威圧感や緊張感を与えたりすることもあり、その時間加減が大切である。一般的に、日本人は会話の半分くらいの時間（1分間の会話なら30秒程度）、相手の目を見ているといわれている。ちなみに、視線を合わせるといっても、必ずしも厳密に相手の目を見る必要はなく、相手の顔の中心部分を見ることで、視線を合わせることとほぼ同様の効果が得られるといわれている。また、視線だけではなく、体全体を相手に向けることも大切である。忙しいときなどは、作業をしながら耳だけで話を聴きがちになるが、作業の手を止めて、体全体で相手に向き合うことも大切である。

言語内容の伝え返し

　相手の話した言葉をそのまま、または表現を変えたり内容を要約したりして、相手に伝え返すことは、大人同士の日常の会話ではあまり用いられない話し方かもしれないが、悩みの相談場面や小さな子どもとのやりとりの場面などではよく使われる方法である。正しく言語内容を伝え返すことによって、話をしている人は、「聴いてもらっている」という受容感や「確かに話が伝わっている」という安心感を得ることができる。また、伝え返された言葉によって自分の語ったことを再確認し、まだ言葉になっていない部分を明らかにできるというメリットもある。

感情の反射

　相手の言動から受け止められる気持ちや感情を言葉として表現して相手に伝え返すもので、最も共感してもらえたという感覚が生じる。相手が、自分の感情を言葉として表現していない場合でも、相手の気持ちを推測して、感情を言語化してあげ

ることで、話をしている人はあやふやだった自分の感情に気づくとともに、共感してもらえたという感覚を得ることができる。

効果的な質問

話の聴き手側がうまく理解できなかったことを質問として話し手に投げかけることで、話の内容がより明らかになり、よりよい共感的理解につながることになる。また、話し手自身にとってもあいまいで適格に表現できていなかった部分をより明確にすることができる。何よりも、相手に質問をすることは、相手に対して興味や関心をもっていることを示すことにもつながる。ただ、質問は、うまくしないと、話し手が話したいと思っていることよりも、聴き手側が聴きたいと思っていることに話が流される可能性があることに留意する必要がある。

4. 保育における共感的理解

保育も対人援助活動の1つであり、共感的理解は重要な概念である。保育所保育指針には、共感的理解という言葉そのものは出てこないが、「共感」という表現は何か所か出てくる。その多くは、子ども自身が友だち等と共感するという文脈で書かれているが、1か所だけ、保育士が子どもに対して行うべきものとして共感が記載されているところがある。「第1章　総則」の「2　養護に関する基本的事項」のなかに「(2)　養護に関わるねらい及び内容」が記載されているが、その中の「イ　情緒の安定」の「(イ)　内容」に関する記述として、「②　一人一人の子どもの気持ちを受容し、共感しながら、子どもとの継続的な信頼関係を築いていく」という記載がみられる。

保育士が子どもの気持ちを受けとめながら、適切に応答していくことは、保育の基本とされる。こうしたかかわりが継続的に行われることを通して、子どもの人に対する信頼感は育まれていく。子どもは、深い信頼関係のもと、自分の気持ちに共感し、応えてくれる人がいることで、自身の気持ちを確認し、安心してその気持ちを表現し、行動することができる。すなわち、子どもの気持ちを受容し共感することで、子どもとの間に継続的な信頼関係を築くことができ、子どもの情緒の安定につながり、それにより子ども自身がさまざまな学びをしながら成長していくことができるのである。安定的な信頼関係のもとで、自分自身を表現し、成長していくことは、保育もカウンセリングも同じといえる。

Step2

演習1　話し手に共感的理解を示す練習をしよう

課題

　他者と対話をする際に、共感的理解の表現技術を意識しながら相手の話を聴くことで、共感的理解を示す訓練をする。その際、訓練がひとりよがりにならないように、自分自身の話の聴き方を、自己評価するだけでなく他者に評価してもらうことも大切である。自分自身の話の聴き方の特徴を自覚しておくことも大切であり、他者からのフィードバックも得ながら自己理解を深めることもめざす。

進め方

（1）準備するもの

- グループごとにいっせいに話をしても、お互いに邪魔にならないように、距離をとることができる少し広めの教室。
- 時間を計測するための時計。
- 話し合いの様子をまとめるための振り返りシート（表2−1）。様式はどのようなものでも構わない。

（2）方法

① 3人組のグループになる。人数が合わないときには4人組のグループになっても構わない。グループを組む際には、できるだけ、ふだんの生活ではあまり話さない人同士で組むことが好ましい。ほかのグループの話し声が耳障り（みみざわ）にならない程度に適度に距離をおいてグループごとに座る。

② 3人組のグループのなかで、話し役、聴き役、観察役の3つの役割を決める。それぞれの役割は後述のとおりである。もしも4人グループの場合には、観察役を複数人で担当する。

表2-1 振り返りシートの例

	調子	相槌	視線	質問	その他
話し役の意見					
聴き役の意見					
観察役の意見					

Step2 プラクティス

③　後述の役割にしたがって、話し役は5分くらい自分の話をし、聴き役は話し役の語りを共感的に聴く。観察役は2人のやりとりの様子を観察する。話をすることが目的ではないので、所定の時間がきたら、話が途中になっても話を終えてよい。

④　聴き役の人の話の聴き方について、話し役、聴き役、観察役のそれぞれの立場から、グループで意見を言い合う。聴き役の人は自分が共感的に話を聴けたか、話し役の人は相手に共感的に聴いてもらえた感じがしたか、観察役の人は聴き役がどのような話の聴き方をしていたかについて、意見を出し合う。その際、できれば振り返りシートなどに、それぞれの意見をまとめるとよい。

⑤　役割を交代する。話し役をした人は次に聴き役をする。聴き役をした人は次に観察役をする。観察役をした人は次に話し役をする。役割を交代したうえで、前述の③と④の内容を行う。

⑥　さらに役割を交代して③と④を行う。3人グループの場合は、これで全員が3つの役割すべてを経験したことになる。4人グループの場合は、さらに役割を交代し、全員がすべての役割を経験するようにする。

⑦　全員がすべての役割を経験し終えたら、共感的理解を示すためにどのようなことが有効であったかをグループのなかで話し合う。また、できれば、各グループでどのような意見が出たかをクラス全体で共有する時間をもてるとよい。

役割

・話し役

　話し役の人は「私にとって大切なもの」というテーマで、聴き役の人に対して話をする。話のテーマは、必ずしもこのテーマでなくても構わず、「私の夢」「私が関心をもっていること」「最近あった考えさせられたこと」など、話し手が話しやすいことをテーマにしても構わない。話し役の個人的な内容を無理やりに語ってもらうことがこの演習のねらいではないため、必ずしも本当のことを話さなくても構わないが、仮につくり話を話す場合も、表面的な語りにならず、あたかも本当のことであるかのように話すこと。

・聴き役

　聴き役は、話し役の人が話している内容を、共感的に聴く。その際に、ただ話を聴いているだけではなく、適宜、相槌をうったり、必要に応じて質問を投げかけたりするなど、自分なりに共感的になるよう積極的にはたらきかけながら話を聴く。Step 1 で学んだことなども、意識をしながら話を聴けるとよい。

・観察役

観察役は、話し役と聴き役の2人のやりとりを客観的に観察する。聴き役の人は共感的に話が聴けているか、話し役の人は話しやすそうかをチェックし、必要に応じて記録する。また、タイムキーパーとして、時間を計測し、所定の時間がきたら、2人のやりとりを終了させる。

演習2　子どもの言動に共感的理解を示そう

課題

保育所等においては多くの子どもが、たえずさまざまな思いから、さまざまな言動をとっている。保育者は子どもたちの言動から、その背後にある思いを受けとめ、共感的な理解を示しながらかかわることが求められる。保育場面でみられるエピソードをいくつか取り上げ、そこに出てくる子どもの言動の背後にある気持ちを考え、どのようなかかわりを保育者がとることがよいか、考えてみよう。

進め方

（1）準備するもの
・保育所等での子どもの言動が記載された文章（後述のエピソード例を参照）。保育学関係の教科書に取り上げられる事例やエピソードのようなものでよい。保育実習を経験ずみの場合は、自分の実習ノートから、子どもの言動をいくつか取り上げてみてもよい。
・子どもの気持ちやかかわり方をまとめるシート（表2-2）。様式は任意で構わない。

表2-2　振り返りシートの例

子どもの言動	子どもの気持ちや感情	あなたのかかわり

Step2 プラクティス

（2）方法

① 保育所等での子どもの言動が記載された文章をじっくりと読み、自分が保育者としてその場にいると想定して、その状況をイメージする。

② 個々の子どもの言動について、その子どもが、どのような気持ちで、そのような言動をしているのか、その子どもの気持ちを考えてみる。答えは1つとは限らず、いろいろな気持ちを思いつくだけ書き出してみる。複数書き出した場合は、そのなかでも最もあなたが適切だと思うものを選ぶ。

③ 書き出した子どもの気持ちに対して、あなたがその場にいる保育者なら、どのようなかかわりをするか、考えてみる。②と同様に、答えは1つとは限らず、思いつくだけ複数書き出すが、そのなかで最も適切とあなたが考えたかかわり方を選択する。

④ 4～5人程度のグループを組み、お互いが書き出した気持ちやかかわり方について紹介し合う。答えがどれだけ似ているか、どれだけ異なっているか比較したり、意見が異なる場合はどうして異なるかなどについても意見交換をする。他者の意見を聴きながら、あらためて自分自身の考えをとらえ直せると望ましい。

エピソード例1

A子は絵本の読み聞かせが大好きである。このクラスでは、毎朝、遊びと遊びの合間に保育者がクラスのみんなに絵本を読み聞かせをしており、A子はいつも最前列で読み聞かせを聞いている。この日は、前半の遊びの時間が延びてしまい、絵本を読む時間がなくなってしまった。そこで保育者は「今は時間がないから、次の遊びが早く終わって、昼食の前に時間があったら、絵本の読み聞かせをするから」と説明し、不満を言う子どもたちをなだめつつ次の遊びに移った。しかし、結局、昼食の前にも時間はとれず、絵本の読み聞かせをすることなく、昼食の準備となってしまった。そんななか、A子は「先生はうそつきだ」と言いながら、昼食の準備をしている保育者を後ろから突き飛ばし、給食をこぼしてしまった。

エピソード例2

連休明けに、子どもたちにお休みの間の出来事を発表してもらったところ、多くの子どもが競って手をあげ、何人かの子どもが家族で遊園地に行ったことや、ドライブで遠出をしたことなどを、みんなの前で得意げに発表した。その後、各自の連休の思い出を絵に描こうということになり、全員で描画（びょうが）活動になった。みんなが熱心に絵を描いているなか、B男は、お母さんらしき人物と手をつないで動物園を見て回っているような絵を熱心に描いていた。ただ、B男の母親は重い病気で入院しており、連休中にB男が母親と一緒に外出していることはないはずであることを保育者は知っている。

Step3

アクスラインの遊戯療法の8原則

　保育においては、遊びは子どもにとっての日常的な行為であり、遊びを通して子どものさまざまな学びと成長がうながされる。心理療法のなかにも、一定の環境のもとで子どもを遊ばせる遊戯療法と呼ばれる技法があり、そうした遊戯療法での子どもとのかかわり方を考察することは、保育においても参考になると思われる。クライエントへの共感的理解を重要視した来談者中心療法の立場で遊戯療法を行っていたアクスライン（Axline, V. M.）は、遊戯療法を行う際の原則として以下の8つのことをあげている。

信頼関係をつくる
　治療者は子どもとの間に温かい友好的な関係をつくり、信頼関係（ラポール）を形成することが求められる。子どもが治療者を信頼し、「自分が大事にされている」という感覚をもつことがまずは大切である。信頼関係の大切さは治療的な遊戯療法に限らず、保育場面で保育者が子どもとかかわる際にも同じことがいえるだろう。

子どものありのままを受け止める
　子どもは、さまざまな思いからさまざまな行動をとる。そうした一つひとつの行動の背景にある気持ちを考え、その気持ちを受け止めることが求められる。このようにじっくりと子どものありのままを受け止めることで、相手のなかに、この人には受け止めてもらえるので、積極的に表現しようという気持ちが生じてくる。

許容的な雰囲気をつくる
　子どもとの関係のなかで許容的な雰囲気をつくり、子どもが自由に自身の感情を表現できるようにする。保育場面では善悪に応じてほめたり叱ったりすることが多いが、遊戯療法場面では、子どもの言動に関して、叱ることはもちろん、ほめたりするような評価的なことを言わないで、子どもが自由に自分の気持ちを表現できるように配慮する。

子どもの気持ちを読み取り、伝える
　遊びのなかで表現された子どもの気持ちに寄り添い、そこから読み取れた気持ちを言葉にして子どもに伝え返していく。こうすることで、子どもは自分の気持ちが分かってもらえているという安心感をもつとともに、自分自身の気持ちを整理して明確にすることができる。

子どもに自信と責任をもたせる
　大人であれ子どもであれ、一部の例外を除き、人は自分で問題を解決する力をもっているものである。大人は子どものもつ問題解決力を信じ、その力に対して敬

意を払い、自分で行動できること、自分で行動すべきことを、子どもが理解できるように援助することが大切である。

子どもに主導権をもたせる

　何をするのかを大人が指示するのではなく、子どもが自分でやりたいように遊ぶことが大切である。すなわち、何ごとも大人が問題を解決してやるのではなく、子ども自身が解決できるように配慮することが必要である。子どもの行動に、つい大人が口や手を出したくなるが、その思いを抑えることが求められる。

ゆっくりと成長を待つ

　子どもの成長には時間を要するものであり、特に子どものかかえている問題が大きい場合、すぐに問題が改善するというわけにはいかないものである。なかなか変化をみせない子どもの姿に、大人はつい焦りがちになるかもしれないが、大人の思いに合わせて子どもを急かすのではなく、子どもの取り組むペースに合わせて、ゆっくりと成長を待つことが大切である。

必要に応じた制限を与える

　遊戯療法場面では、ある程度、子どもの自由な思いにまかせられているところが多いが、なんでも自由というわけではない。他者を強く攻撃することや、物品を破壊すること、危険なことなどは、禁止される。禁止されることをしたくなる気持ちを理解したうえで、それでもしてはいけないことがあることをきちんと伝えることは大切であり、こうすることで子どもは、してはいけないことを少しずつ学ぶとともに、自分の気持ちを伝えるためには、どのように表現すればよいかを学んでいく。

　保育所等における日々の遊びにおいても、以上の8原則を念頭におきながらも保育実践をすることは意義があることである。ただ、遊戯療法の場面と保育での遊び場面では異なることも多い。遊戯療法の場合、基本的には子どもと大人は1対1で、個別の守られた部屋の中で行われるが、保育での遊びは主にクラス集団で行われ、そこには他児の存在がある。また、保育には、子どもに対して教え育てるという側面があり、発達をうながすためにほめたり叱ったりすることが求められるところもある。このようなお互いの専門性の違いを考慮しつつ、子どもに対するかかわり方を考察していくことが望まれる。

引用文献

- アクスライン, V. M., 小林治夫訳『遊戯療法』岩崎学術出版社, 1972.
- ロジャーズ, C. R., 伊東博編『ロジャーズ全集』岩崎学術出版社, 1966.

第 3 講

子どもの生活や遊び

子どもは生活場面と遊び場面のそれぞれで多様な経験を積み、その経験を通して、のちの人生を自分らしく生きていくための基礎を培(つちか)う。本講では、Step1 で乳幼児期の生活習慣の獲得と遊びについて学習し、Step2 で基本的生活習慣と遊びに関する発展的な演習活動に臨(のぞ)む。そして、Step3 で乳幼児の生活や遊びの前提となる安全な保育環境をつくる重要性について理解する。

Step 1

1. 乳幼児の生活と基本的生活習慣の獲得

乳幼児の生活における現代的課題

　乳幼児期の子どもは、生命を維持するために周囲の大人の助成を得ながら、徐々に生活の基本となる行為を習慣化させていく。通例、生命的な行為として日常的に繰り返される食事・排泄・睡眠・着脱衣・清潔の5項目が基本的生活習慣とみなされている（前原，2013）。この基本的生活習慣は、近年は特に、家庭環境の省力化に加え、きょうだい数の減少や核家族化の進行を背景として（小川，2009）、家庭のなかだけでは十分に達成されがたくなった。首都圏の乳幼児を育てる保護者4034名が回答した2015（平成27）年のアンケートでは、4歳児の「おはしを使って食事をする（72.1％）」「決まった時間に起床・就寝する（79.2％）」「ひとりで遊んだあとの片付けができる（74.5％）」「オムツをしないで寝る（66.0％）」という4項目の達成率は8割を下回っている（荒牧，2016）。こういった現況をふまえたとき、今、保育者には、子どもが自律した生活を送るにあたって欠かしがたい習慣を形成していけるよう、家庭と連携しながら効果的な支援を行うことが求められている。

生活を構成する行為の学習

　2017（平成29）年3月に改定された保育所保育指針によれば、子どもは標準的に、3歳を迎えるまでに、基本的な運動機能が発達し「歩く」「走る」「跳ぶ」といった粗大な運動に加え「つまむ」「めくる」といった微細な運動も可能になり、生理的側面での身体機能も整う。そして、この身体的生理的側面での育ちを下地に、保育所等での食事や休息のリズムができ、便器での排泄に慣れ、衣類の着脱、手洗いなどの清潔の維持を自分でこなす経験を積んでいくことが期待されている。しかし、先述したように、食事・排泄・睡眠・着脱衣・清潔のそれぞれは、はじめから子ども一人で達成できるものではなく、活動をともにする他者、すなわち家庭であれば親、きょうだい等、保育所等であれば保育者、同年齢・異年齢の友だち等の周囲の人に支えられて可能になる。他者と一緒に生活することそれ自体が、幼い子どもの生命活動に必要な行為の獲得に大きな意味をもつ。このことは、「世界で生きる」時間と「世界のものごとについて学ぶ」時間が分かれていない乳幼児期の学習の特徴を表してもいる（ホルツマン，2014）。

乳幼児の基本的生活習慣獲得と保育者のかかわり

　子どもの基本的生活習慣の形成をうながす保育者のかかわりは、一般的に狭義の生活指導やしつけと呼ばれ、習慣化をめざす行為を中心にすえて、一貫性と一様性をもち、家庭と連絡をし合いながら、子どもの個人差や意欲・動機づけの程度に配慮し、反復的に実施することが重要とされる（井上，1979）。指導にあたっては、担任だけでなく職員全体で、子どもの「自分でやってみたい」「やり遂げたい」という達成に向けたやる気を刺激する言葉かけや、求められる行為を遂行しやすい室内外の環境整備の工夫を実践できるとよい。加えて、子どもの行為遂行過程の努力を評価し、彼ら自身が「次もやってみよう」「今度こそやり遂げたい」と思い、躊躇せず次の機会に臨めるよう、挑戦に寛容な姿勢を示すことも効果的であろう。さらに、食事・排泄・睡眠・着脱衣・清潔に関する行為は生活体の生理的成熟に規定される部分も多く、子どもの側のレディネスによって指導の効果が左右される場合がある（谷田貝，1979）。とすれば、保育者には、短期間での目標達成に固執せず、子どもの状態に応じて長期的視点に立った指導を行うとともに、習慣形成にかかわる援助の要点を保育所等から家庭、そして就学先へ適切に引き継ぐことが求められる。

2. 乳幼児期の遊び

乳幼児の生活と遊び

　先述のような、生活を構成する行為が少しずつ習慣化されるなか、3歳を過ぎるころになると、子どもは、自分たちの生活の型を時間の面でも空間の面でも自由遊びに投影させはじめる（マーフィ，2013）。ただ、遊びそのものは乳児期からすでに開始され、幼児期において飛躍的な展開をみせ、その重要性を最も強く発揮する（高橋，1984）。遊びに対する動機は、食べることや寝ることと同じくらい本質的で（ヴァンデンボス，2013）、物事を成し遂げようとする達成動機と並立して、より生き生きとした、楽しい、満足できる日を過ごそうとする動機ととらえることもできる（中野，2016）。

　大人からの介助を特に受けながら成長していく乳幼児の場合、その遊びは、生活をともにする周囲の大人からの影響を受けている。子どもは、健康で、食事や睡眠が十分にとれて心配ごとがない状況下で最もバラエティ豊かな経験をし、さまざま

なことに興味関心を寄せる大人とかかわりをもつほどよく遊び、また、その遊びは変化に富んだものになる（ミラー，1980）。このことは、子どもの遊びが、本人の健康や生活の質に加え、その子の養護を担う身近な大人と密に結びついていることをよく表しているといえよう。

乳幼児の遊びとその変化

　遊びにはいくつかの形式的特徴がある。主なものとして、①自由で自発的な活動であること、②面白さ・楽しさ・喜びを追求する活動であること、③その活動自体が目的であること、④遊び手の積極的なかかわりそのものであること、⑤ほかの日常性から分離され、隔絶されていること、⑥ほかの非遊び的活動に対して一定の系統的な関係をもつことがあげられる（高橋，1984）。「ほかの日常性からの分離・隔絶」をわかりやすくみとることができる代表的な遊びは、虚構の世界を創り出すごっこ遊びだろう。発達心理学者ピアジェによれば、ごっこ遊びは生後18か月ごろから7、8歳の間で最も盛んに行われ（ミラー，1980）、その活動のなかでは、ある対象はほかの対象を表すもの・意味するもの（象徴）として扱われる。感覚運動機能の反復を味わう遊びに次ぐ象徴遊びの出現は、子どもにおける、主として乳児期から新しい段階への移行を示す証拠となり（バターワース＆ハリス，1997）、認知面での発達を反映する。

　このように「ほかの非遊び的活動と一定の系統的関係をもつ」ことで、遊びは子どもの育ちの指標とみなされもする。仲間遊びは、社会学者パーテンによれば集団参加の尺度となり（中野，2016）、①注意をひくものがなければ、何もせずぶらぶらしている「何もしていない行動」、②ひとりだけで遊ぶ「ひとり遊び」、③遊びに加わらずに、他児の活動を眺めていたり、口出しをするのみの「傍観遊び」、④他児のそばで、同じオモチャを用いて遊ぶが、交渉はもたない「平行遊び」、⑤他児と一緒に同じような活動に従事する「連合遊び」、⑥協力して何かをつくったり、一つの遊び活動をするのに、組織をつくる「協同遊び」、の6パターンがみられる（高橋，1984）。⑥に近づくほど社会的交渉が活発に行われるが、ここでの交渉には複数の人に注意を払う力や一連の行動を正確に繰り返す力等の発達も影響し、子どもが自発的に役割分担をして一緒に取り組む「ほんとうの協同遊び」は幼児期中期以降からとされる（ミラー，1980）。

乳幼児期の遊びの意義と保育者の援助

　乳児期から開始される遊びは、子どもの心身の発達を反映して変化するだけでなく、将来、精妙な社会組織に適応するための学習の機会を提供する（高橋，1984）。人が築くこの社会組織に適応するには、予測しえない状況や新しい場面にも柔軟に応じていくことが求められる。そこで、保育所等における子どもの日常に目を向けると、彼らの自発的な遊びは、無為の身体運動（増川，2017）や、いわゆる"してはいけない"遊びとされてきた「ふざけ」「おどけ」「冗談」「からかい」「いたずら」（中野，1996）まで含めて実にさまざまな形態をとることがわかるだろう。また、遊びは生起した文脈のなかで次々変化を遂げる。例えば、年少児の三輪車乗りが木の実集めに移行したり、年長児・年中児のお店屋さんごっこが3歳未満児の砂を素材にしたケーキづくり（見立て）を取り込んで規模を広げたりする。こういった、その時・その場・その仲間でしか味わえない面白さを追求していく遊びは、確定している部分が小さく、自由度が高い。この自由度の高さのなかで、子どもは、ときに自己制御を鍛えながら（森口，2014）、人・物・事は多様性を帯びており、それらがとりうる状態には1つ以上の可能性があることを学ぶ。

　以上のような学習の機会を遊びに見いだすためには、まず各児がその遊び場に居場所がある必要がある。自分の居場所があってはじめて、子どもは他児に交じって遊び、その過程で快の情動である「面白さ」を追求でき、この面白さが遊びの本質ともいえる迫力を生む（ホイジンガ，2018）。自分の居場所を見いだせる遊び場では、子どもは、興味関心に応じて足を止めることができ、必要なら腰を落ち着けてじっくり過ごすことができる。絶えず移動することから生じる楽しさもあれば、一つ所にとどまって、限られた範囲で特定の物事に一心にかかわるなかで生じる楽しさもあり、それぞれが子どもにとって遊び経験となる。保育者は子ども一人ひとりが居場所を得られるよう、遊び場の遊具の配置を整え材料を準備するだけでなく、場合によっては遊び手として活動に加わり、子ども間の仲介者として各児の参加形態を担保することが求められる（田中，2014）。だが、保育者の遊びへの参加は、子どもたちの遊び経験の深まりに応じて減じていき、最終的には子どもたち自身が居心地のよい参加形態を工夫できるようにしたい。居場所感に基づいて、子どもたちが自ら遊びを面白いものにしようと積極的にかかわるとき、その主体性は発揮され、「遊びを中心とした保育」が成立する（河邉，2015）。

Step 2

> **演習 1** 乳幼児期の子どもの生活の実態と、保育所等で実施される生活習慣形成をうながす指導の実際をより詳しく知ろう

課題

① 私たちと乳幼児期の子どもとでその生活は異なる部分が多い。また、乳幼児期でも0歳児と6歳児で違いがあるだろう。より詳しく乳幼児の生活を理解するため、月齢や年齢ごとに乳幼児期の子どもの生活を調べ、レポートする。

　また、日常的に保育所等で子どもとかかわっている保育者は、子どもの習慣形成に向けて、具体的にどのような点に配慮し、どんな工夫を凝らして援助しているのだろう。実際の保育現場で行われている生活指導について調べ、レポートする。

② 実際の「乳幼児の生活」と「保育者による生活指導」について各自の調べ学習の結果をレポートしたあと、乳幼児の生活と保育者による生活指導に関連の深い事象、影響を与えうる事象について他者とディスカッションする。

進め方

（1）事前準備

「乳幼児の成長・発達」「乳幼児の保育」にかかわる専門書、論文、雑誌、新聞で「乳幼児期の子どもの育ち」「子育て」「保育」「幼児教育」等を扱った記事を収集する。このとき可能であれば、演習を実施している現在、またここ数年に限らず、10年前や20年前等、さかのぼって古い資料も収集してみよう（絶版になっているものも復刻されているかもしれない。一例として、日本国内の「保育」「幼児教育」に関する幼児保育事典シリーズ全3巻（日本らいぶらり，1979～1980年）は、『幼児保育事典集成』（日本図書センター，2014年）として復刻・刊行版がある）。

また、日本国内に限らず、海外の国や地域の「乳幼児の成長・発達」「乳幼児の保育」に関する文献を集めることができ、かつ講読することができるようであれば、諸外国の資料も収集してみよう。

(2) 方法

① グループづくり・分担

　5〜6名程度の小グループをつくり、グループメンバーで文献講読の分担をする。例えば、6名のメンバーで構成されるグループがあったとして、「乳幼児の生活」に関して、子どもの年齢を基準に分担した場合、各メンバーが、未満児Ⅰ（0歳）・未満児Ⅱ（1歳）・未満児Ⅲ（2歳）・3歳児・4歳児・5歳児・6歳児のいずれかの年齢を担当し、その生活について文献を講読する。

② 資料の講読・該当する記述のまとめ

　各メンバーが分担にしたがって、事前に収集しておいた「乳幼児の成長・発達」「乳幼児の保育」にかかわる収集した資料を講読し、該当する「乳幼児の生活」「保育者による生活指導」に関する記述に焦点をしぼって、その内容をまとめる。まとめる際に、各グループで統一の書式で調査報告書を作成すると、③で確実な情報共有のため資料を印刷配布した場合、メンバーがそれぞれ読みやすくわかりやすいだろう。

③ レポートとディスカッション

　グループごとに、調査報告書を印刷配布するなどして結果を共有し、「乳幼児の生活」「保育者による生活指導」について、調べ学習の過程で考えたこと、また、メンバー全員のレポートを聞いて考えたことを発表し合おう。そのうえで、調査全体を通して、乳幼児の生活と保育者による生活指導と関連があると推察される事柄、乳幼児の生活と保育者による生活指導に影響を与えていると予想される事柄について議論し合おう。

解説

　乳幼児の生活と保育者による生活指導のそれぞれは、時代や国・地域を背景とする事象と無関連ではない。調べ学習を進める際に、時間や場所など、収集した情報を比較検討するための軸を設けておくとのちの議論が深まる。なお、時間や場所といった軸を入れ込んで調べ学習する場合、あらかじめ受講クラスを5つの小グループに分け、各グループが基本的生活習慣5項目のいずれか1つを担当し、報告会で学習成果を発表し、全体で情報を共有してもよいだろう。

> **演習2** 乳幼児を対象に、実際の自由遊び場面を観察・記録し、その記録を振り返ることを通して、子どもたちの遊びを支える環境について考えよう

課題

① 観察を実施し、遊びのなかでの子どもの具体的な行動や発話、表情などを、遊び場の環境とともに記録する。
② 記録をもとに、子どもの遊びを生起・発展・維持しうる事柄についてディスカッションする。

準備

① 観察場所の確保と対象年齢の設定

　プレ実習などの科目の機会を利用できる場合は、保育所を訪れてみよう。また、その場合は、一日の保育の流れに配慮しながら、観察対象をしぼり、その対象者を中心にみていこう。

② 記録用紙の作成

　観察した子どもの遊びを言語的にも視覚的にもわかりやすく、振り返ったり、他者に伝えたりしやすくなるよう、保育環境図に同時展開の複数の遊びを記していくための保育マップ型記録（河邉，2015）を参考に作成してみよう。この記録法では遊び場を上空からとらえ、単純な図形や記号を用いて抽象化させて表現した環境構成図をつくり、その図を記録に活用する。

　遊び場の環境構成図をつくる際には、遊び場に関する既存の見取り図や地図があればそれをもとにし、そこに必要な加筆や修正ができるとよい。また、観察した内容を言語的に記していく箇所が必要なので、図の配置は場合によって紙の中央寄りにするなど調整し余白を設ける。さらに、観察結果に対する考察を深めるために、記録用紙の上端等に「観察した年月日」「時間帯」「天候」「気温」「場所」「遊び場にいる子どもの数や年齢」等も記す箇所を設ける。

③ 観察の実施

　保育所等で、子どもの遊びに保育者のような大人が参加しているときは、参加している大人の行動にも目を向けよう。日や曜日、週を変えて複数回観察すると、「見ること」と「書くこと」に慣れるだけでなく、時間的間隔をあけて特定

の遊びが変化する様子が推察できるかもしれない。

④ 記録の作成

観察し終えたらその日のうちに、②で準備した清書用紙に情報をまとめ直す。また、記録を通して個人が特定されないよう配慮し、記述中では「A保育所」「B児」「4歳C児」「D保育者」のように表現する。遊びのなかで子どもが移動した経路や製作物等、視覚的イメージを付加したほうがわかりやすい場合は、環境構成図のなかに描画しよう。

⑤ レポートとディスカッション

小グループをつくり、そのグループ内で各自が記録をふまえて観察結果をレポートし合う。その後、乳幼児の遊びに関して、実際に観察してはじめて気づいたことや考えたこと、彼らの遊びの生起や展開、収束に関連すると思われる事柄について議論しよう。また、遊びを援助する際には、具体的にどんな工夫が考えられるか意見を出し合おう。

図3-1 演習2の記録書式の例および書式への記入の例

Step 3

1. 保育所等に求められる安全の確保

　子どもが保育所等で他児とともに生活し遊びながら健康に成長・発達していくには、その施設内での安全が保たれていることが前提となる。『2017年版保育白書』によれば、保育所等における重大事故全体の報告数は2014（平成26）年が177件、2015（平成27）年が627件、2016（平成28）年が875件であり（2015（平成27）年4月より子ども・子育て支援新制度施行）、未報告の事故も含めて考えれば決して少なくはない（藤井，2018）。この現状をふまえて、保育者は定期的に、大事故につながるリスクを把握し事故を防止する手だてを考え、施設内の設備の点検・修理改善を実施するほか、施設全体としての安全に関する配慮方針や正確な情報を発信し保護者の理解を得る努力が求められている（今井，2016）。

2. 保育所等内での活動中に生じうるさまざまなけがや事故

　施設内で予防の対象となる例としては、遊び時間に焦点をあてると、3歳未満児の場合、かみつき・ひっかき、戸等に指をはさむこと、手腕を急に引かれたことによる脱臼、玩具等の誤飲があげられる（今井・石田，2018a）。3歳以上児の場合は、移動する力や操作する力が育つことを背景に、屋内外で子ども同士が走り回るなかで起こる接触、刃先のある文具の誤用、保育者から死角となる場所でのけがや事故等があげられる（今井・石田，2018b）。予防を試みるも最終的にけがや事故が起こったときは、事実把握、適切な救急処置、責任者への緊急体制での連絡、保護者へのけがや事故に関する状況・対応・経過報告と謝罪を要する（今井，2016）。生起したけがや事故、その対応の一連は正確に記録に残すことで、根本的に施設内の人的・物的環境を見直し、再発防止につながる。さまざまな記録があるが、医療機関受診事例に関する「けが記録簿」や「ヒヤリハット報告書」があげられる（今井・石田，2018b）。

3. 自分で自分を守る力を育てること

　子どもの周りにいる者が、事故の潜在危険を1つひとつ取り除くことは、ことに低年齢児の事故防止には大切である（加藤，2013）。だが、同時に、保育者は、子どもの成長とともに、「自分で自分の身を守れるようになっていく力を養っていく」

ことを支援するよう求められてもいる（今井，2016）。多くの保育所等がめざすように、生活と遊びの両面で直接経験を通じて心身の成長・発達を図り、就学以降の学びの基礎を形づくるとなると「子どもが実際に自分でやってみる機会」「やり抜く機会」の保障が重要になる。子どもが自分でやってみよう、やり抜こうとする事柄は本人にとって容易とは限らない。やり方がわからなかったり、複雑であったりするがゆえに困難さを覚えることのほうが多いだろう。こういったとき、子どもは複数の小さな傷を負い、少なからぬ葛藤をかかえ、泣いたり、怒ったりしながら、その困難さを乗り越えていくことになる。この過程は、子どもが、環境と自分の関係を克服する志向性を高め、身体運動を洗練させていく過程であり（青木, 2015）、自己効力感を形成していく過程でもある。保育者に求められているのは、子どもが何度も失敗して小さな傷を負い、その受苦を情動のはたらきによって半減させながら（青木，2015）、繰り返し挑戦を試みることが可能な環境づくりである。先述した重大なけがや事故の予防も、この「何度も挑戦できる」環境整備の一環としてとらえたい。

4. 安全に、挑戦できる環境をつくること

　乳幼児期の子どもは、興味関心を寄せる場合には、自分がやり方を知らないことでも自由に熱狂的に取り組む（ホルツマン，2014）。ときに物事へのめり込んでしまう子どもたちと生活や遊びをともにする保育者はどのような配慮が可能だろうか。まず、自らの振る舞いが場合によっては子どものけがにつながる危険性があることをふまえて、子どもの行動を咄嗟に制限するときは腕を引っぱらず身体全体をかかえるといった（今井・石田，2018a）、乳幼児の生理学的特徴を考慮したかかわりを心がけることが有効だろう。また、登園時点で子どもの心身の不調や身だしなみの異変を見逃さないことも、かみつきやひっかきに代表されるような、子どもが別の子どものけがの原因となる事態を防ぐことにつながる。これらに加え、特に遊び時間中は、保育者にとっての死角をつくらないよう複数名で場を見守り、引き継ぎを徹底することで、重篤なけがや大事故のリスクを低減させることができる。以上にあげたのはごく一部のポイントであるが、人的環境としての保育者の援助体制が整ってこそ、子どもは物的環境と遠慮なくかかわれるようになることは常に意識しておきたい。保育者の配慮があってはじめて、多様な感覚運動的・情動的・認知的経験を提供し、危険回避を可能にする身体運動能力の向上をもたらすような園庭や、子どもが自力で組み立てる大型の遊具も真に活きてくるのである。

引用文献

- 青木久子「第3章 遊びの伝承と就学前教育」『幼児教育の知の探究8——遊びのフォークロア』萌文書林, pp.182〜266, 2015.
- 荒牧美佐子「第1章 幼児の生活」「第6節 幼児の発達状況」ベネッセ教育総合研究所「第5回幼児の生活アンケート」2016.（https://berd.benesse.jp/up_images/textarea/jisedai/reseach/yoji-anq_5/YOJI_chp0_P01_12.pdf）
- バターワース, J.・ハリス, M., 小山正訳「第8章 遊びと描画における象徴的な表象」村井潤一監訳『発達心理学の基本を学ぶ——人間発達の生物学的・文化的基盤』ミネルヴァ書房, pp.170〜199, 1997.
- 藤井真希「1 幼い子ども・家族の今」「G 保育施設における子どもの死亡事故」全国保育団体連絡会・保育研究所編『2017年版保育白書』ひとなる書房, pp.19〜21, 2018.
- Holtzman, L., 茂呂雄二訳『遊ぶヴィゴツキー——生成の心理学へ』新曜社, 2014.
- Huijinga, J., 里見元一郎訳「第1章 文化現象としての遊びの性格と意味」『ホモ・ルーデンス——文化のもつ遊びの要素についてのある定義づけの試み』講談社学術文庫, pp.15〜61, 2018.
- 今井和子「第6章 「保育の環境づくり」とその見直し」「第4節 安全な環境と整備」今井和子編著『主任保育士・副園長・リーダーに求められる役割と実践的スキル』ミネルヴァ書房, pp.202〜213, 2016.
- 今井和子・石田美幸「第2章 こどもが夢中になれる遊び」『新人担任が知っておきたい！ 0・1・2歳児保育のキホンまるわかりブック』学研プラス, pp.65〜98, 2018a.
- 今井和子・石田美幸「第2章 遊びの中でいろいろな体験を」『新人担任が知っておきたい！ 3・4・5歳児保育のキホンまるわかりブック』学研プラス, pp.62〜100, 2018b.
- 井上範化「Ⅰ 幼児保育の基礎知識〔解説〕」「41 生活指導」岡田正章編『幼児保育事典シリーズ第1巻——幼児保育小事典』日本らいぶらり, pp.70〜71, 1979.
- 加藤忠明「安全対策」「安全管理」森上史朗・柏女霊峰編『保育用語辞典 第7版——子どもと保育を見つめるキーワード』ミネルヴァ書房, p.261, 2013.
- 河邉貴子「第2部 保育と遊び」『幼児教育の知の探究8——遊びのフォークロア』萌文書林, pp.112〜179, 2015.
- 前原寛「基本的生活習慣」森上史朗・柏女霊峰編『保育用語辞典 第7版——子どもと保育を見つめるキーワード』ミネルヴァ書房, p.72, 2013.
- 増川宏一『遊戯の起源』平凡社, 2017.
- Millar, S., 森重敏・森懋監訳「第10章 なぜ遊ぶのか」『遊びの心理学——子供の遊びと発達』家政教育社, pp.317〜334, 1980.
- 森口佑介「第5章 乳幼児期の自己制御と実行機能」板倉昭二編著『発達科学の最前線』ミネルヴァ書房, pp.127〜149, 2014.
- Murphy, L. B., 森懋監訳「乳幼児の遊びと認知の発達」『精神医学選書第11巻 遊びと発達の心理学』黎明書房, pp.127〜135, 2013.
- 中野茂「2章 遊び研究の潮流——遊びの行動主義から"遊び心へ"」高橋たまき・中沢和子・森上史朗編『遊びの発達学——基礎編』培風館, pp.21〜60, 1996.
- 中野茂「46章 遊び」田島信元・岩立志津夫・長崎勤編『新・発達心理学ハンドブック』福村出版, pp.513〜524, 2016.
- 小川博久「幼児教育の歴史を振り返る——日本保育学会創立60周年に寄せて」「3 幼児の「生活」の分業化と統合の困難性とその克服可能性——その中での幼児の主体性のあり方は」日本保育学会編『戦後の日本の生活と保育』相川書房, p.6, 2009.
- 清水美智子「8章 遊びと学習——発達と教育における遊びの意義」高橋たまき・中沢和子・森上史朗編『遊びの発達学——展開編』培風館, pp.130〜152, 1996.
- 高橋たまき「序章 遊びの特質は何か」『乳幼児の遊び——その発達のプロセス』新曜社, pp.1〜6, 1984.
- 田中浩司「序章 保育者による指導を通して集団遊びを楽しむ」『集団遊びの発達心理学』北大路書房, pp.1〜15, 2014.
- VandenBos, G. R., 繁桝算男・四本裕子監訳「遊び」『APA心理学大辞典』培風館, p.10, 2013.
- 谷田貝公昭「Ⅰ 幼児保育の基礎知識〔解説〕」「74 レディネス」岡田正章編『幼児保育事典シリーズ第1巻——幼児保育小事典』日本らいぶらり, p.74, 1979.

第4講

保育の人的環境としての保育者と子どもの発達

本講では、人的環境としての保育者が、子どもの発達にどのような影響を及ぼすかについて考える。Step1 では子どもを取り巻く人的環境とそのあり方・とらえ方について解説し、Step2 では Step1 の内容をふまえて、子どもとのかかわり方について演習形式で学ぶ。Step3 では、人的環境と子どもの発達に関する近年の研究をもとにして、実践を深めていくために必要な考え方を身につける。

Step 1

1. 子どもの発達と保育者の役割

　子どもの発達には、さまざまな他者の存在が大きくかかわっている。卵から生まれてすぐに泳ぎだす魚と違い、人間は生まれてすぐに自立して生きていけるような種ではない。児童精神科医のウィニコット（Winnicott, 1964）は「一人の赤ちゃんというものはいない」という有名な言葉を残した。子どもの発達を理解するためには、子どものみをみるのではなく、子どもと子どもを取り巻く他者との間の関係をこそみなければならないということである。また、一般に子どもにとって母親からの影響は大きいが、父親やきょうだい、祖父母や、園の保育者、ほかの子どもなども、その子どもの育ちに影響を与えている。実際、園で過ごす時間が一日に占める割合はかなりのものであり、家庭の事情によっては睡眠時間を除けば母親よりも保育者や友だちとともに過ごす時間のほうが長いことすら珍しくない。他人であっても、保育者と子ども、子ども同士の関係性は発達に大きな影響を及ぼしていると考えられる。

　子どもと他者の関係性は発達に応じて変化していく。乳児期には生活のほとんどすべてを親や保育者に頼らざるをえないが、やがて身辺が自立していき、大人にしてもらうことは徐々に減っていく。しかし、他人の意図・感情を推し量ること、基本的な道徳心、自己制御などを身につけ、場面に応じて適切な行動を選択できるようになっていく過程では、身近な大人がそのモデルとなり、教える、見守る、ほめ

表4-1 エリクソンの心理―社会的発達段階（藪中, 2012を一部改変）

発達段階	心理―社会的危機	有意義な対人関係	特徴
第1段階（乳児期） 0歳～1歳	信頼　対　不信	母親またはその代わりとなる者	だれか（親）を心から信頼できるという気持ちをもてるようになることが大切な時期。
第2段階（幼児前期） 1歳～3歳	自律性　対　恥、疑い	両親	自分の意志で排泄や生活をコントロールできることを学ぶ時期。
第3段階（幼児後期） 3歳～6歳	自主性　対　罪悪感	基本的家族	自分で考えて自分で行動することを覚える時期。
第4段階（学童期） 6歳～12歳	勤勉性　対　劣等感	近隣社会、学校	やればできるという体験を通して、勤勉に努力することを覚える時期。
第5段階（青年期）	自我同一性　対　同一性拡散	仲間集団、リーダーシップのモデル	自分はどのような人間で、将来どのように生きたいかを模索し、自我同一性を確立する時期。
第6段階（成人前期）	親密性　対　孤独	友情、性、競争、協力の相手	特定の他者と親密な関係をもち、相手を尊重することで関係を永続的にしようとする時期。
第7段階（壮年期）	世代性　対　停滞	分業と共有の家族	次の世代の人々（子ども、孫、生徒など）に知識・経験・愛情などを継承していく時期。
第8段階（老年期）	自我の統合　対　絶望	人類	今までの人生を振り返り、自我の統合を図る時期。

る、叱るなどしてかかわることになる。エリクソン（Erikson, E. H.）は、人間の自我が他者や社会とのかかわりのなかで発達していく過程を8つの段階に分け、それぞれにおいて発達上の「心理的な危機」と、それを乗り越えるための「発達課題」を示し、発達課題を達成するために有意義な対人関係も変化していくとした（表4-1）。保育者は、子どもの発達状況に応じてかかわり方を変化させ、発達を次のステップへ進めるようにかかわっていかねばならないのである。

2. 環境としての自らの立ち位置を考える

　子どもは家族や園の人間関係のなかで互いに影響を及ぼし合って発達していく。しかし、子どもを取り巻く環境は、さらに幅広い視点からとらえる必要がある。子どもの立場から周囲の環境を眺めてみると、住居・園の建物やその周囲の物理的な環境、感染症やカビを引き起こす微生物・ウイルス、花粉、食品添加物などの生物・化学的な環境、そして人間関係などの心理・社会的な環境のように整理できる。ブロンフェンブレンナー（Bronfenbrenner, U.）は、子どもの発達にかかわる心理・社会的関係の構造を以下のように示した（Bronfenbrenner, 1977；1986）。

> マイクロシステム：子どもが行動を直接展開する場所。家庭、学校・保育所、近隣の遊び場など。
> メゾシステム：家庭や学校、職場、地域社会など複数のマイクロシステムが相互に影響し合うシステム。
> エクソシステム：子どもの発達に間接的に影響を及ぼすもの。マスメディア、福祉サービス、家族の友人、地域産業など。
> マクロシステム：文化のなかで広まっている態度や思想。なかに含まれるシステムの枠組みを形成する。
> クロノシステム：人生に対して影響を及ぼす社会歴史的な状況と時間。すべてのシステムに対して変化をもたらす。

　例えば、家庭で親から厳しく叱責され、情緒不安定になった子どもが園でほかの子どもを激しくたたいたとする。保育者がその様子を親に伝え、親が子どもを安心させるように努めれば、子どもの情緒が安定し、友だち関係も修復されていく。しかし、これをより幅広い視点からとらえてみよう。親が厳しく叱責した原因をたどると、習い事の英語教室に行きたがらなかったことが原因だとする。しかしなぜ、英語教室に通っているかといえば、親がテレビなどで英語を流暢にしゃべる子どもが出てくる番組や英語教材などのCMを見た結果かもしれない。そのテレ

ビ、雑誌などマスメディアも、「日本人はもっと国際的に競争、活躍していかねばならない」という考え方が浸透(しんとう)するほど、外国語の習得に関する情報を提供するし、外国語教室や教材なども増加する。園で英語教室を行うのも、もとをたどればそのような大きな流れから影響されているのである。子ども一人ひとりの発達を理解し、支援していくためには、このような大きな視点から環境を全体的に把握(はあく)したうえで、自らの立ち位置とそのふるまいを考えていくことも重要である。

3. 保育者のかかわりで子どもが変わる

子どもと保育者の信頼・愛着関係

　保育者と子どものかかわりは、まず互いに同じ空間を共有していることから始まる。特に新入園児にとっては、園は「よそ」であり、「自分にとって安心できる場所」として認識していない状態である。親が自分を置いていなくなってしまうのではないかといったおそれ（分離不安）から親を求めて泣き、遊びにも興味がもてず、そのときに最も頼れそうな相手を探して、ずっとしがみついたまま一日を過ごすことも少なくない。保育者の援助としては、単にしがみつかせているだけではなく、「一緒にいるよ」「園に来てくれてうれしいよ」などのメッセージを送っていくと、やがて「頼れそうな人」から「この先生と一緒にいたい」「自分はここにいても大丈夫だ」という信頼・愛着関係に変わっていくことが多い。やがて保育者が子どもにとっての「安全基地」として機能するようになると、園生活における基本的生活習慣や対人関係といったさまざまなことを身につけていく過程において、適切な方向づけが可能になってくる。

　園生活が定着した後においても、環境構成を含めた保育者のかかわりが子どもの日々の行動や発達に大きく影響する。対人関係を例にとると、年齢を重ねるにつれて友だち同士での遊びが増えていくが、初期にはいざこざが絶えず、子どものみでは解決できずに、エスカレートすることが多い。多くの場合、このようないざこざは、自己制御や道徳判断、規範(きはんいしき)意識などとともに、自己と他者あるいは過去の自分と現在の自分は違う心をもつことが理解できない、他者の感情や意図(いと)、知識、信念などを推(お)し量(はか)ることができないなど、「心の理論」が未発達であることによって生じると考えられる。このような場合、互いの気持ちを代弁する（例えばRuffman et al., 2002）などして介入することにより、子どものなかに心の理論が形成されていき、やがて子ども同士で解決できるようになってくる。しかし、保育者が双方の

子どもの気持ちを無視してただ厳しく叱責するなど、不適切な介入をしていては、子どもが健全な心の理論を身につける機会をゆがめてしまうことにつながる可能性もある。短期的にいざこざを制止・予防するためではなく、長期的にみて子ども自身が他者と円滑なコミュニケーションをとれるようになるためにかかわっていくべきだろう。

保育者が子どもの発達によりよい影響を与えるためには

NICHD（アメリカ国立小児保健・人間発達研究所）は、家庭外保育の長期的影響を検証するために、1991年生まれの子どもを対象に、幅広い観点から大規模な追跡調査を行っている。そのなかで、保育者の「かかわりの質」に注目した研究の1つでは、「ポジティブな養育」（表4-2）が小学校低学年での言語・認知能力に影響していることが示唆されている。また、これはあくまで大規模集団の全体的な結果であり、子ども一人ひとりの発達には月齢・年齢に加えてさまざまな相互作用による個人差があることも忘れてはいけない。子ども一人ひとりの今の発達状況とこれからの発達課題、子どもと環境との相互作用を把握し、その時々に応じたかかわりとはどのようなものであるかを考えていく必要がある。

表4-2 NICHDの研究で用いられた「ポジティブな養育」に関する質問項目
（日本子ども学会，2013を一部改変）

ポジティブな態度やはたらきかけ	保育者は明るく子どもによく話しかけたり、はたらきかけていますか？　子どもの手助けをし、元気な様子でいますか？　よく笑いかけたり、微笑みかけていますか？
子どもとの体を使った触れ合い	保育者は子どもを抱いたり、背中をポンとたたいたり、手をつないだりしてあげますか？　子どもとの身体的な触れ合いを通して子どもの努力をほめてあげたり、なぐさめたりすることがありますか？
子どもとの発声や発話への対応	保育者は子どもが言ったことを復唱したり、言ったり言おうとしていることにコメントしたり、子どもの質問に答えたりしますか？
子どもへの質問	保育者は子どもに答えやすい質問をすることによって子どもの発話をうながしていますか？　（例：「そう」とか「そうじゃない」と答えればいいだけの簡単な質問や、子どもが答えやすい家族やおもちゃに関する質問など）
その他の話しかけ方	ほめる：子どもが何かいいことをしたときに「よくやったね」「がんばったね」などといってほめますか？ 教える：文字や言葉、数を数えられるように何度も繰り返し同じことを言ってあげたり、丸や三角や四角がわかるように教えてあげたりしていますか？　少し歳が上の子どもには、言葉の意味を教えてあげたりしますか？ お話・歌：物語を語ってあげたり、物事を言葉で説明したり、歌を歌ってあげたりしますか？
子どもの発達をうながす	子どもが一人で立ったり歩いたりすることができるように手助けしますか？　うつぶせにして運動をうながしたりしますか？　少し歳が上の子どもに対しては、子どもが自分でパズルを完成させたり、ブロックを積んだり、チャックを上げたり下げたりできるよう手伝ってあげますか？
社会性を伸ばす援助	保育者は子どもが微笑んだり笑ったりするようなことをしたり、ほかの子と遊ぶように状況設定をしたりしますか？　ほかの子との分かち合い（訳注：おもちゃを一緒に使うなど）をうながしますか？　子どもに対してよい行動の見本（お手本）を見せますか？
本読み	保育者は子どもに本を読んであげたり、お話を読んであげますか？　本を読んであげているときに、子どもに本を触らせたり、めくらせたりしていますか？　少し歳が上の子どもには本の絵や文字を指さしながら読みますか？
子どもとのやりとりが否定的なものにならないような努力	保育者は子どもとやりとりしているときは、否定的な態度をとったり否定的なやりとりにならないように、前向きで積極的な態度を保とうと努力していますか？

Step 2

> **演習1** 子どもと保育者のかかわりから生じる相互作用について考えてみよう

課題

① 子どもからみて、保育者はどのように映っているかを考える。
② 子どもに対するかかわり方で、子どもの反応はどう変わるかを考える。
③ 子どもと信頼・愛着関係を構築・維持するためにはどのようにかかわるべきかを考える。

進め方

（1）準備するもの
　ノート、筆記用具。

（2）方法
　少人数のグループをつくり、下記の**事例1、2**それぞれについて、このあとに続く保育者のかかわり方の選択肢を2つ以上考える。好ましいかかわりだけでなく、好ましくないと考えられるかかわりも、あえてあげるとよい。

　各選択肢のかかわり方により、子どもの内面はどのようになり、その結果どのような行動が現れてくるかを考え、**図4-1**のように、発話、心の動きを順序立てて書き出してみよう。**図4-1**は、A男にブロックを取られてA男をたたいてしまったB男に対する保育者の2通りのかかわり方と、それぞれのかかわり方によってそのあと起こると考えられるB男の思考や発話を書き出したものである。

　子どもの個性は幅広いので、「このようにかかわったらどの子どもも必ずこのように反応する」といった正解は考えにくいが、たたかれる、責められるなどすれば悲しいしくやしいし、ほめられればうれしいといった基本的な感情反応を想像することから始めればよいだろう。同時に、相手の立場に立って考える、自分の要求を抑える、規範意識や道徳判断などの面ではまだ発達途上であり、大人と同じ価値観をもつことは難しいことも考慮しなければならない。また、目に映ったそのままの因果関係を学ぶことも多い。子どもになったつもりで考えてみよう。

　実習後の場合は、事例1、2にとらわれずに、自らが遭遇したシチュエーションでどのようなかかわりをしたかをグループ内で話し、書き出してみるとよい。そのときは子どもはどのようになっていったか、また違うかかわり方をしたらどうなっ

Step2 プラクティス

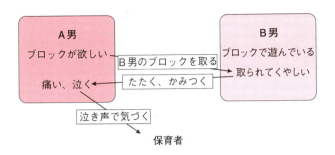

図4-1 いざこざ場面における保育者の介入と子どもの思考の例

ていたかを考えてみよう。

最後に、各グループで話し合った内容をクラス全体で発表する。

事例1

3歳児クラスのC子はニンジンが大嫌いで、給食のおかずのなかにほんの少しでもニンジンが入っていると、いつもその容器のものには一切手をつけずに残していた。C子のニンジン嫌いが気になっていた保育者は、そのつど「おいしいから食べてみよう」とうながしていたが、まったく効果はなかった。

ニンジンが嫌いな子はC子のほかにもいたが、ある日シチューが出されたとき、苦手なニンジンを食べることができた子どもをほめていたら、C子もシチューの中のニンジンを一切れだけ口の中に含んだ。でも、そのあとすぐに口から吐き出してしまった。

事例2

4歳児クラスのD男は、ヒーローごっこが大好きで、変身してから必殺技を出す動作を何度も繰り返している。あるとき、保育室の入口近くでいつもの必殺技を出したら、大きく振った手が保育室に入ってきたところだったE男の顔に当たってしまった。E男は怒って、D男を突き飛ばした。保育者が駆け寄ると、D男は「E君が押したんだよ」といい、E男は「D君がたたいたからだよ」と言った。

> **演習 2** 新入園児との出会いや初期のかかわりにおいて、どのような点に注意すべきかを年齢段階ごとに整理してみよう

課題

① はじめて親と離れて集団生活を送ることになる子どもの心理状態を考える。
② 新入園児がスムーズに集団生活に入れるようにするにはどのようにかかわるべきかを考える。

進め方

（1）準備するもの

表4-3のようなワークシート。年齢クラスごと、あるいは3歳未満児、3歳以上児に分けて考えてみるとよい。在園児と新入園児の状態の違いを比較できるようにし、そのうえで新入園児とのかかわり方・注意点を考えられるようにする。

（2）方法

グループワークを行う。ほかの授業で用いた教科書や資料、さらに図書館などで保育に関する書籍なども集め、協力して関連する記述を探す。また、すでに実習経験がある場合は、実習先で保育者がどのようにして子どもと信頼・愛着関係を築いていたか、思い返して提案し合う。グループとしての完成版を作成し、グループ発表する。

表4-3 ワークシート

クラス	在園児の姿	新入園児の姿	新入園児とのかかわり方・注意点
3歳未満児	登園後、すぐにお気に入りの遊びを始める ○○○○○○○○○○	登園時、保護者と別れる際に泣いてしまう ○○○○○○○○○○	スキンシップをとる ○○○○○○○○○○ ○○○○○○○○○○
3歳以上児	登園時の作業がわかっている ○○○○○○○○○○ ○○○○○	登園時の作業にとまどう ○○○○○○○○○○ ○○○○○	一緒に作業する 保護者とも連携する ○○○○○○○○○○

Step2 プラクティス

演習3　子どもが「他者の気持ちを推し量る」ことを促進するようなかかわり方を考えてみよう

課題

① 他者の気持ちを推し量るためにはどのような経験が必要か考える。
② 日々のかかわりのなかでどのようなことに注意すべきかを年齢段階に応じて考える。

進め方

（1）準備するもの

保育の心理学と保育内容のうち人間関係に関する科目の教科書など、社会性の発達に関する内容を含む資料。Step 3 の内容を事前に読んでおくとよい。

（2）方法

4～5人程度のグループをつくる。グループ内で、以下の手順で議論・作業を進めていく。司会役、書記役を1人ずつおく。各グループに担当する年齢（クラス）を割り振る。

① 自分なら他者の気持ちを推し量るときにどのような情報を利用しているかを可能な限り書き出す。
② 書き出した各情報が担当年齢で理解・使用可能かを、資料とこれまでの子どもと接した経験を元に整理する。
③ 担当年齢について、かかわりのなかの「保育者のしぐさ・行動」と「保育者の言葉かけ」に分け、それぞれについて具体的にどのようにふるまえばよいかを考える。「○○のようなときに、△△する」といった形式で書き出していく。最後にグループ発表を行う。

Step 3

1. 子どもの発達と人的環境の相互作用に関する研究の現在

　現在の子どもの発達に関する研究は、遺伝学や神経科学などの飛躍的な進歩によって、より幅広い観点からの科学的な知見をもたらすようになってきた。例えば、神経科学の分野では、脳内のモノアミン類の一種であるセロトニンや、モノアミン類を酸化させる酵素であるモノアミン酸化酵素（MAO）のうちセロトニンなどの調整にかかわる MAO-A という物質が、攻撃行動にかかわることが見いだされてきた。これらの物質の脳内活性は遺伝によりある程度影響を受けていることもわかっている。また、環境的要因として、身体的虐待を受けてきた子どもは、そうでない子どもに比べて攻撃行動が多いことが知られている。Caspi ら（2002）は、虐待経験の有無と遺伝的な MAO-A 活性度が攻撃行動を含む反社会的行動に及ぼす影響を調べた結果、遺伝的な MAO-A 活性度が低い子どもは、虐待経験がなければ反社会的行動は少ないが、厳しい虐待を受けると著しく反社会的行動が増えた。これに対し、MAO-A 活性度が高い子どもは、虐待経験が多いほど反社会的行動が増える傾向は同様であったが、その変化はかなり小さかった。つまり、虐待を受けたからといってすべての子どもが一様に攻撃的になるのではなく、遺伝的な脳の特性が環境的要因と相互に影響し合った結果として、攻撃性の高い子どもとそうでない子どもになったといえる。

　生物学的要因からの科学的知見が増えてきたことを受けて、サメロフはこれまでの理論と近年の知見を統合し、より幅広い発達モデルを提唱した（Sameroff, 2010）。これは、全体的な枠組みとしてはブロンフェンブレンナーの枠組みを踏襲し、多様な関係による相乗的な相互作用を想定しながら、マイクロシステムのなかに生物学的な要因を具体的に加えたものである。このように、子どもの発達に影響する要因は膨大なものであり、実際の個々の子どもの理解において、常にすべてを想定することには困難がつきまとう。しかし、子どもの発達にかかわる要因と相互作用をできる限り幅広く理解することは、子どもの定型発達だけでなく、発達障害や児童虐待などの発達上の問題も含めて考えることに役立つだろう。

2. 子どもの心の理論を発達させる

　子どもの対人関係能力の発達において、心の理論の発達は重要な役割を果たす。現在の自分と他人（過去・未来の自分を含む）の心は違うことが理解できてこそ、

他者の立ち場や考えを推測することができ、対人関係を円滑に築くことができる。対人関係に問題をかかえやすい自閉スペクトラム障害においては、心の理論の欠如が指摘されることが多い。

　心の理論が子どものなかで発達していくには何が必要だろうか。バロン＝コーエンは、他者の心を読む能力の発達過程では、まず「意図の検出」「視線方向の検出」ができるようになり、それらから「注意を共有するメカニズム」が構成され、それが「心の理論」の基礎となると論じた（Baron-Cohen, 1995）。しかし、従来心の理論が成立すると考えられてきた4～5歳のはるか前である0歳後半に共同注意が出現することに関し、「なぜ他者の注意に注意するのか、それは原初的な心の理論が乳児期にすでにあるからではないのか」という疑問も成り立つ。実際、心の理論をテストするための課題の1つである「誤信念課題（自分は正解を知っているが、他者は正解を知らないという状況を提示し、それを理解しているかを問う課題）」を非言語的な課題につくり変えてみると、乳児でも誤信念の理解につながるような反応を示すことが明らかになり、乳児でも心の理論を部分的に理解している可能性が示唆されている（Baillargeon et al., 2010）。しかし、まだ不明な点が数多く残されているのが現状である。実際の保育現場で出会う子どもたちは、研究の進展よりもはるかに速く発達していく。したがって、そのメカニズムはまだ不明であっても、そのときどきで最善を尽くしてかかわる必要があることに違いはない。

　そもそも、なぜわれわれは他者の心を読めるようになるのだろうか。テレパシーなど超能力をもたないわれわれは、究極的には他者の心を完全に理解することはできない。実際にやっていることは、他者の視線、表情、身振り、声の調子、言葉（無言も含む）、行動やその結果など、多種多様な情報を総動員して、「この人は今どんな気持ちだろうか」「なぜこのような行動をとったのだろうか」と推論することであろう。この経験を積み重ねた結果、自分の心や他者の心のふるまいを理解し、対人関係を築いていくと考えられる。

　子どもたちは、基本的な感情の動きに忠実であるがゆえに、日々互いにわかりやすい、素朴なふるまいを提示し合う。しかし、言葉の使用や心の理論が発達途上であるがゆえに、互いにどんな気持ちだったかをわかりやすく言語化して伝え合うことは難しい。だからこそ親や保育者など大人の仲介が必要なのであり、なぜ自分や他者がそういう行動をとったかという「行動のなぜ」を心のはたらきに関連づけるようなかかわりの積み重ねが心の理論を発達させているのだと考えられる。魔法の言葉1つで急激に完成されるような性質の機能ではないため、長い目で見てじっくりとかかわっていくことが重要であろう。

引用文献

- Baillargeon, R., Scott, R. M., He, Z., 'False-belief understanding in infants', *Trends in Cognitive Sciences*, 14(3), pp.110-118, 2010.

- Baron-Cohen, S., *Mindblindness: An essay on autism and theory of mind*,. The MIT Press, 1995.

- Bronfenbrenner, U., 'Ecology of the Family as a Context for Human Development：Research Perspectives', *Developmental Psychology*, 22(6), pp.723-742, 1986.

- Bronfenbrenner, U., 'Toward an experimental ecology of human development', *American psychologist*, 32(7), pp.513-531, 1977.

- Caspi, A., McClay, J., Moffitt, T., Mill, J., Martin, J., Craig, I. W., 'Role of genotype in the cycle of violence in maltreated children', *Science*, 297(5582), pp. 851-854, 2002.

- Ruffman, T., Slade, L., Crowe., E., 'The Relation between Children's and Mothers' Mental State Language and Theory-of-Mind Understanding', *Child Development*, 73(3), pp.734-751, 2002.

- Sameroff, A. J., 'A Unified Theory of Development: A Dialectic Integration of Nature and Nurture', *Child Development*, 81(1), pp.6-22, 2010.

- Winnicott, D.W., *The Child, the family and the outside world*, Penguin Books, 1964.

- 藪中征代「子どもの発達と保育――発達とは」福沢周亮監，藪中征代・星野美穂子編『保育の心理学 ――子どもの心身の発達と保育実践』教育出版，p.14，2012.

- 日本子ども学会編，菅原ますみ・松本聡子訳『保育の質と子どもの発達――アメリカ国立小児保健・人間発達研究所の長期追跡研究から』赤ちゃんとママ社，2013.

第5講

子ども相互のかかわりと関係づくり

　本講では、子ども相互のかかわりについて、仲間とかかわるきっかけや、かかわりを継続するために保育者が果たしている役割について学ぶ。Step1では3歳未満児と3歳以上児に分けて研究成果を紹介し、Step2ではStep1で紹介した研究成果をふまえ保育実践における子どもの姿や保育者の援助について演習形式で考える。そして、Step3では、子ども相互のかかわりを考える際に、大切にしてほしいことについて学ぶ。

Step 1

1. 3歳未満児におけるかかわり

　3歳未満児は、大人、特に母親との関係の重要性が強く指摘されてきたこともあり、仲間とのかかわりに目を向けられにくい傾向があった。しかし、近年、人は乳児期からさまざまな他者とのかかわりのなかで発達し、同年齢他者とのかかわりも発達にとって重要であることが指摘されるようになった。また、3歳未満児における子ども同士のかかわりに関して、保育所等の保育実践の場における研究成果が少しずつ蓄積されるようにもなっている。

1〜2歳児（1歳児クラス）における子ども同士のかかわり

　1〜2歳児は「仲間が使っている物」への関心が高く、それが物を介する仲間とのかかわりにつながっていると考えられている（齊藤, 2012）。仲間と同じ物をもつ、同じ場を共有すること自体が、仲間とかかわるきっかけになっていることがうかがえる。このような仲間との物を介するやりとりにおける、「仲間と同じ物を使う」「仲間の物を取る」というような物へのはたらきかけ方は、自他認知の発達とも関係している（Levine & Conway, 2010）。

　また、上記の齊藤の考えに対して、岩田（2014）は「遊び」という観点から言及し、仲間同士が同じ場にいることで、それぞれの遊びが生まれ、物の使用が重なりはじめるところから、ともに遊ぶことがはじまるのではないかと指摘している。

2〜3歳児（2歳児クラス）における子ども同士のかかわり

　2〜3歳児の遊び場面では、子ども同士が相互に模倣し合うことが仲間と遊びを共有することを助け、さらに、同じ物を介して仲間と同じ動きや発話を繰り返すことが遊びのテーマを仲間と共有することにつながる、と考えられている（瀬野, 2010）。また、食事場面での子ども同士の会話において、2歳児クラスの中期（8〜9月）までは、「模倣」により発話を連鎖させることが多い（淀川, 2010）。このように、2〜3歳児において、模倣が、子ども同士のかかわりそのものや、仲間と遊びを共有するうえで重要な役割を果たしていることがわかる。

　さらに、食事場面の子ども同士の対話では、二者間での対話が連続して起こる時期から、三者間での対話へと広がる時期を経て、三者間での対話が連続して起こる時期へと変化する（淀川, 2011）。食事という、他者との情動的、言語的な共有経験が起こりやすい場面において、子ども同士の対話が二者から三者へと、相対する仲間が増えるだけでなく、子ども同士のかかわりが広がっていることがうかがえる。

2. 3歳以上児におけるかかわり

　3歳以上児の仲間とのかかわりについては、保育所や幼稚園等での保育実践の場を通して、さまざまな視点から研究が行われてきた。ここでは、3つの視点（二者間でのかかわり、遊び集団への参加、遊び集団でのかかわりの深まり）から、仲間とのかかわりについて研究成果を紹介する。

二者間でのかかわり

（1） 3歳児における二者間

　3歳児では、友だち同士は特定の二者間でかかわることが多く、他児と比べると、その二者間の親密性が高くなる（本郷, 1996・1997）。そして、3歳児における二者間での関係性は、遊びが二者の関係を深める役割を果たすとともに、衝突する場面ももたらすが、それが自分や他者を知る機会にもなっていると考えられている（高櫻, 2007）。

（2） 二者間の関係変化

　3歳以上児の子どもが仲間との関係をどのように構築していくのかについて、二者間でのいざこざ場面から検討したところ、「双方に不満が残るやりとり」から「やりとりそのものを楽しむ」というように二者間の関係が変化し、4歳後半には関係の調整や修復を行うことが可能になる（高濱, 1999）。

遊び集団への参加

　3～4歳児クラスの2年間では、自由遊び場面における子ども同士のかかわりのきっかけについて、3歳児は4歳児に比べると仲間の模倣が多く、4歳児後半になると「いれて」「いいよ」という仲間入りのルールをはっきりと表す手だてを多用するようになる（松井・無藤, 2001）。また、4～5歳児クラスにおける2年間では、4歳児クラスの後半以降になると、子どもが仲間入りしようとする際、一緒に遊びたい仲間の場合には、即座に受け入れるが、そうでない子どもは入れようとしなくなる（倉持・柴坂, 1999）。

　3歳は、模倣が子ども同士のかかわりのきっかけになり、4歳児後半になると、仲間に入る際のルールが用いられるとともに、「一緒に遊びたい相手」もしくは「遊びたくない相手」がはっきりしてくることがわかる。

遊び集団でのかかわりの深まり

(1) 3歳児

　3歳児における遊び場面での仲間集団の形成の特徴として、同じこと、同じ行為が一緒に遊ぶ集団をつくるときに非常に重要な意味をもつと同時に、同じ物をもたないこと、同じ行為ができないことが集団から「排除」される理由にもなると考えられている（岩田，2011）。3歳児は、仲間の模倣（相互模倣）というような「仲間と同じ」であることが手助けとなり、子ども同士のかかわりが生まれていることがうかがえる。

(2) 4歳児

　4歳児クラス（5月中旬から7月中旬）では、「他者と同じ物を持つ」ことは、子どもたちが一緒に遊ぶ仲間として互いの存在を認めることにつながり、子どもたちの間に「仲間であるから同じ物を持つ」「同じ物を持つから仲間である」という不文律が存在すると考えられている（砂上，2007）。また、4歳児における仲間とのかかわりの発達の過程については、自由に遊ぶ友だちを選択する関係から、特定の友だちと関係を深める段階へ、さらに、集団の一員としての意識が芽ばえる協同性の段階へ関係が深まる（利根川・無藤，2011）。4歳児では、「同じ物を持つ」ことで仲間との関係が深まり、それがグループやクラスという集団への帰属意識へとつながっていくことがうかがえる。

(3) 5歳児

　仲間との協力関係を意識するようになる5歳児は、他者に対する意識が"1対1の関係""集団全体""集団対集団"へと変化し（田中，2005）、子ども同士でルールを変更しながら遊びを進めていくことができるようになる（田中，2010）。また、子ども同士が同じ目的に向けて協力して物事を進めることは「協同性」や「協同的」という言葉で表現できる。協同性の生成について、佐藤（2009）は、一人の男児の「体験したスプラッシュマウンテンをつくりたい」という思いを出発とし、仲間とイメージを共有したアトラクションづくりが徐々に周辺を巻き込み、クラス全体のテーマになっていった過程を明らかにしている。5歳児は、イメージやストーリーを仲間と共有する過程において、共通の目的意識が生まれ、それを達成するために協力して物事を進めていく姿を想像することができる。ルールのある遊びも、「遊びをより面白くしたい」という目的を仲間と共有することで、自分たちにとってより楽しめるルールへと変更されていくことがうかがえる。

3. 子ども相互のかかわりを生み出すもの

　これまでに紹介した研究から、子ども相互のかかわりを生み出し、かかわりを継続するうえで、模倣が重要な役割を果たしていることがわかる。2～3歳児では、同じ動きや発話を伴いながら同じ物を使うといった相互模倣が、子ども同士の遊びの共有を助けている（瀬野，2010）。3歳児においても、子ども同士のかかわりが生じるきっかけとして模倣が多くみられる（松井・無藤，2001）。岩田（2010）も、3歳児クラスでの自由遊び場面の観察を通して、子どもたちが仲間集団になっていくことには、互いに動きを模倣することがかかわっていると指摘している。この子ども同士が互いの動きを模倣することに関して、砂上・無藤（1999）は、4歳児クラスにおける観察を通して、仲間意識を「他者と同じ動きをする」という視点から検討し、「他者と同じ動きをする」という身体的な共同性は、互いが仲間であるという仲間意識を共有することにつながっていることを明らかにした。

　また、これは身体的な動きだけでなく、同じ物をもつ、使うことにもあてはめることができる。1～2歳児は「仲間の使っている物」への関心が高いが（齊藤，2012）、それは4歳児にみられる「仲間であるから同じ物を持つ」「同じ物を持つから仲間である」（砂上，2007）ことにつながっていくと考えられる。

　そして、子ども相互のかかわりは、仲間との関係が広がり、深まるようになることも考えられる。2歳児クラスでは二者間での発話から三者間での発話へ変化し（淀川，2011）、3歳児は二者間での関係性に親密化がみられ（本郷，1996・1997、高櫻，2007）、4歳児クラスでは、遊ぶ友だちを選択する関係（倉持ら，1999、利根川・無藤，2011）から、特定の友だちと関係が深まり、集団の一員としての意識が芽生える（利根川・無藤，2011）。そして5歳児になると、クラスで目的を創出・共有する協同性が生成されるようになり（佐藤，2009）、自分の属するクラス集団への意識がより強くなる（田中，2005）。つまり、二者間でのかかわりのなかで、好きな友だちとのかかわりを深め、それが二者だけでなく数人の友だちとの関係へと広がるとともに、仲間と目的を共有することで、グループやクラスといった集団への帰属意識も芽生えていくようになることがわかる。

　保育者は、仲間との関係の特徴やその変化を理解したうえで、一人ひとりの子どもの発達、興味・関心、場面の状況等も大切にしながら、一人ひとりに応じた他者とのかかわりを支えていく援助や環境の工夫が求められる。

Step 2

演習1 3歳未満児において、仲間とかかわるきっかけやそれをつなげる保育者の役割について考えてみよう

課題

① 事例を読んで、一人ひとりの子どもの思いや意図について考える。
② 子ども同士のかかわり方や関係づくりの変化について考える。
③ 一人ひとりの子どもの思いに寄り添い、子ども同士をつなげる保育者の援助について考える。

進め方

(1) 準備するもの

事例1、事例2。表5-1、表5-2のような記入用紙。

表5-1の左の欄は、事例1を読んで、子ども一人ひとりに対して、子どもの立場になり、その子の思いや意図を書く欄である。右は、子どもの思いや意図をふまえ、保育者として必要だと考える環境構成や援助について書く欄である。表5-2には、事例2を読み、事例1での子どもの姿、特に子ども同士のかかわり方の違いについて、その違いが明らかになるように記入する欄を設ける。

(2) 方法

① 事例1を読んで、個人で表5-1のような記入用紙の左右の空欄を考えて埋める。
② 表5-1について、各自で作成した記入用紙をもとに、小グループで話し合い、仲間の考えを知り、自分の考えを深める。その際、考えを1つにまとめるのではなく、さまざまな考え、見方や視点が出てくることが望ましい。
③ 事例2を読んで、子ども同士のかかわりについて、事例1と比較しながら小グループで話し合い、表5-2のような記入用紙の左右の空欄を埋める。
④ 小グループで出た考えを発表する。グループで出てきた考えをすべて発表し、クラスでさまざまな考え、見方や視点を共有する。その際、Step1の「1．3歳未満児におけるかかわり」も参考にしながら、ディスカッションを深めてほしい。

Step2 プラクティス

事例1
1歳児クラス6月
　Aは、テラスに座り込んで、木製のミニカーを前後に動かして遊んでいる。そこに、Bがやってくる。Bは、テラスに置いてあったAが使っている物とは別の木製のミニカーを手に取り、Aと同じように前後に動かして遊びはじめる。AとBは、同じようにミニカーで遊んでいるが、互いを意識して遊んでいるようにはみえない。しばらくすると、ミニカーを持ったCがやってくる。Cは、持っていたミニカーを置き、Bが動かしていたミニカーを取ると、持ってきたミニカーとBから取ったミニカーを左右の手で1つずつ持ち、その場から離れてしまう。ミニカーを取られたBは、Cを指さし、保育者に取られたことを訴える。

表5-1 事例1に対して

子どもの思いや意図	環境構成や保育者の援助
A児	
B児	
C児	

事例2
1歳児クラス3月
　Aは磁石でつながる木製のミニカーを3個つなげて、子どもの肩より少し低い高さの棚の上を走らせはじめる。すると、Bも、同じ木製のミニカーを1つAの後ろを追いかける形で、走らせはじめる。Aが早く走らせると、Bも同じくらいの速さで追いかけ、Aが止まるとBも止まる。互いのミニカーをくっつけようとしては、再度走らせることが何度もみられる。棚の上をぐるぐる回りながら、2人が走らせていると、そこにCもやってきて、同じようにミニカーを走らせはじめ、棚の上を3人でぐるぐる回ることがしばらく続く。

表5-2 事例2に対して、事例1での子どもの姿との違いについて

事例1　子どもの姿	事例2　子どもの姿

第5講　子ども相互のかかわりと関係づくり

| 演習2 | 3歳以上児において、子ども相互のかかわりを深めたり、遊びを豊かにするための環境構成や援助について考えてみよう |

課題

① 3歳以上児について、各年齢における仲間とのかかわりの特徴についてまとめる。
② 年齢ごとにまとめた特徴をもとに、年齢によって保育者としてどのような環境、活動や遊び、援助が必要かを考える。

進め方

（1）準備するもの

表5-3に示すような記入用紙。年齢ごとに仲間とのかかわりの特徴と、特徴に応じて必要だと考えられる環境、活動や遊び、援助を記入できるようになっている。記入するにあたって、資料として、Step 1「2．3歳以上児におけるかかわり」を用いながら、保育所保育指針解説などを参考にして考えてみるのもよい。

（2）方法

① 年齢により、子ども同士の相互作用や保育者に援助・環境構成が異なると考えられる場面を取り上げ、3歳以上児それぞれに対する「子ども同士のかかわりの特徴」と「特徴に応じた援助や環境構成」について記入する。場面の例として、「シャベル・容器や水等を使いながら、砂場で遊んでいる場面」「中型・大型積み木を使って、何かをつくっている場面」での子ども同士のかかわりについて考えてみる。
② 小グループで考えを出し合い、作成する。資料を確認するだけでなく、ボランティアや実習等での自身の実体験をもとにしながら、考えを出し合えるとよい。
③ 小グループで話し合った内容を、クラスのなかで発表する。その際、記入用紙には、他グループの発表内容を追加記述する。

Step2 プラクティス

表5-3 子ども同士のかかわりの特徴と保育者の援助（3歳以上児）

	子ども同士のかかわりの特徴	特徴に応じた保育者の援助・環境構成
3歳児		
4歳児		
5歳児		

解説

子ども相互のかかわりと協同的な学び

　協同的な学びは、「小学校入学前の5歳児を対象として、幼児どうしが、教師の援助の下で、共通の目的・挑戦的な課題など、一つの目標を作り出し、協力工夫して解決していく活動」と定義されている（中央教育審議会，2005）。この学びのスタートこそ、本稿のテーマである子ども相互のかかわりである。逆にいえば、子ども相互のかかわりを就学までの長期的な視点でみると、協同的な学びに行き着くといってもよいだろう。

　子どもにこの学びを経験させるためには、保育者に、次のようなかかわりが求められる（無藤，2015）。すなわち、目的を具体的な物として、絵などに示して、何をすればよいかを明確にすること、子どものやりたいことを見て取り、可能そうだが、相当にがんばる必要があることに仕向けていくこと、子どもの工夫を引き出し、子どもが行った工夫や発見を受け止め、広げること、使える道具を紹介して、自分たちでやれるように手伝うこと、などの指導が求められる。具体的には、例えば、「お店屋さんごっこ」の場合、「どうしたらお客さんが来てくれると思うか」と尋ねるなど、困ったことについて、子ども同士で話し合って解決できるように問いかけたり、子どもの案を実際に試させて、試行錯誤をさせたりするなど、仲介や整理をしていくようなかかわりが求められる。

Step 3

1. 子ども相互のかかわりのなかでの物を介するいざこざ

　仲間と一緒に遊ぶことには、仲よく遊ぶことをよしとし、自分を抑え、仲間を理解し受け入れることが求められがちである。しかし、子ども同士が遊ぶなかでは、当然のことながらさまざまな感情が喚起され、それにともなって、いざこざ（トラブル）が起こる。前述の高濱・無藤（1999）が、4歳後半には関係の調整や修復を行うことが可能になることを指摘しているように、いざこざで生じるネガティブな感情やそこでの仲間とのやりとりは、そうした感情への対処を学ぶ機会になる。また、いざこざは、物の所有をめぐって起こることが多いことが知られている。子ども同士のかかわりのなかでの物の所有をめぐるいざこざは、1歳児クラスで頻繁に起こる「仲間が使っている物を取る」行為からみられるようになる。物の所有をめぐるいざこざも、その原因が変化し、子ども同士のかかわりに影響する。自他理解、言語発達、感情表出や抑制の発達、そして気質に個人差があることから、このような物の所有にかかわるいざこざにおいても、子どもによって表現の仕方、感情表出の強弱、その後の行動が異なる。

　ここで、1歳児クラスにおける「仲間が使っている物を取る」行為についての事例をみてみる。

> 　Aは、絵本を本棚から1冊出し、「これAちゃんの」と保育者に伝えにくる。保育者は、「それAちゃん好きなの」と聞くと、Aは「うん」と答える。Aは、保育者とは少し離れたところに座り、床に絵本を開いて見はじめる。Bは、隣室から戻ってくると、絵本を見ているAを見つけて、近づいてくる。そして、そのままAが見ている絵本を奪う。Aは「これAちゃんの」と言いながら、絵本を引っ張り、2人は絵本を取り合う。
>
> （齊藤, 2012より）

　この場面でのBは隣の部屋から戻ってきていることから、Aが見ている絵本が何の絵本なのかわかっていなかったと思われる。そのため、Bは、見たい絵本をAが見ていたから取ったのではなく、Aが見ている絵本が見たくなったために取ったのではないかと考えられる。「仲間と同じ物を持つ」ことへの要求から、仲間から物を取るという行為になってしまうといえそうである。しかし、仲間が持つ物へのはたらきかけ方には、子どもによって、行動に多少の傾向があった（齊藤, 2012）。1～2歳児の自他認知の発達と仲間との物を介するやりとりには関係があるという研究結果もあり（Levine & Conway, 2010）、はたらきかけ方と個人差の関係は今後研究が求められる。また、仲間が持つ物へのはたらきかけ方の違いは、

子ども同士の関係性も影響していると考えられる。保育実践において、子ども同士の関係性や状況にも目を向けてとらえようとすることも重要である（刑部，1998，高嶋，2003）。

2. 遊びを通した子ども相互のかかわり

　乳幼児期は個人差が大きい時期である。発達のスピードだけでなく、その子がもって生まれた行動特徴である気質も、重要な個人差となる。仲間とのかかわり方やその発達にも行動特徴があり、個人差があると考えられる。実際、保育現場においても、子どもによっては、一人でじっくり好きな遊びに取り組んでいる姿もよく見られる。しかしながら、保護者だけでなく保育者にとっても、仲間と出会い、仲間と一緒に遊ぶことは当然のこととしてとらえられがちである。子どもたちそれぞれのあり方を受け入れ、保障し、その子なりの仲間とのかかわり方や発達を大切にしたいものである。

　また、子ども同士のかかわりは、遊びを通して行われることが多く、これまで遊び場面における仲間関係の形成について、個人に備わった能力としての社会性や社会的認知能力に焦点があてられることが多かった。その際、非社会的行動や協調性の低さととらえられる行動（いざこざ）が、問題行動として言及されることもあった。しかしながら、子どもは、幼児期前期から仲間への関心が高い。それがいざこざも引き起こすが、同じ物を持ち、動きをともにし、言葉を共有するなかで、少しずつ仲間と一緒にあることや、やりとりをする楽しさを実感し、異なる存在としての仲間を受け入れ、大切にしようと思えるようになる。したがって、いざこざは、仲間に気づき、仲間の思いや意図を知り、仲間を受け入れ、思いやる気持ちを育てる大切な機会になる。子どもが仲間を思いやれるようになるまでの過程には、もって生まれた気質や、認知や言語等の発達の個人差が大きくかかわっているだけでなく、一緒に遊んでいる仲間やクラス集団における仲間との関係性、保育者のまなざしも影響している。そのため、保育者は、子ども一人ひとりに応じて、子ども同士のかかわりをさまざまな要因について多角的な視点からとらえ、仲間の存在に気づき、仲間とのかかわりが広がる、深まるように援助することが必要である。

引用文献

- 中央教育審議会答申「子どもを取り巻く環境の変化を踏まえた今後の幼児教育の在り方について」(平成17年1月28日)
- 刑部育子「「ちょっと気になる子ども」の集団への参加過程に関する関係論的分析」『発達心理学研究』第9巻第1号，pp.1～11，1998.
- 本郷一夫「「友だち」の形成過程に関する研究(1) 保育所2～3歳児クラスにおける子ども同士の関係」『日本教育心理学会第38回総会発表論文集』p.32，1996.
- 本郷一夫「「友だち」の形成過程に関する研究(2) 保育所の3歳児クラスにおける子ども同士の関係」『日本発達心理学会第8回大会発表論文集』p.162，1997.
- 岩田恵子「模倣の発達の観点からみる幼児期の仲間集団の形成」『青山社会情報研究』第2号，pp.31～40，2010.
- 岩田恵子「幼稚園における仲間づくり――「安心」関係から「信頼」関係を築く道筋の研究」『保育学研究』第49巻第2号，pp.41～51，2011.
- 岩田恵子「仲間遊びの展開」『遊びの保育発達学』川島書店，pp.101～102，2014.
- 倉持清美・柴坂寿子「クラス集団における幼児間の認識と仲間入り行動」『心理学研究』第70号，pp.301～309，1999.
- Levine, L. E. & Conway, J. M , *Self-Other Awareness and Peer Relationships in Toddlers*, Gemder Comparisons, 2010.
- 松井愛奈・無藤隆「幼児の仲間との相互作用のきっかけ：幼稚園における自由遊び場面の検討」『発達心理学研究』第12巻第3号，pp.195～205，2001.
- 無藤隆『これからの保育に！ 毎日コツコツ役立つ保育のコツ50』フレーベル館，2015.
- 齊藤多江子「1～2歳児の仲間と物とのかかわり――「仲間と同じ物に関心をもつ」行為に着目して」『保育学研究』第50巻第2号，pp.96～107，2012.
- 佐藤康富「幼児期の協同性における目的の生成と共有の過程」『保育学研究』第47巻第2号，pp.39～48，2009.
- 瀬野由衣「2～3歳児は仲間同士の遊びでいかに共有テーマを生みだすか：相互模倣とその変化に着目した縦断的観察」『保育学研究』第48巻第2号，pp.157～168，2010.
- 砂上史子・無藤隆「子どもの仲間関係と身体性：仲間意識の共有としての他者と同じ動きをすること」『乳幼児教育学研究』第8号，pp.75～84，1999.
- 砂上史子「幼稚園における幼児の仲間関係と物との結びつき――幼児が「他の子どもと同じ物を持つ」ことに焦点を当てて」『質的心理学研究』第6号，pp.6～24，2007.
- 高濱裕子・無藤隆「仲間との関係形成と維持――幼稚園期3年間のいざこざの分析」『日本家政学会誌』第50巻第5号，pp.465～474，1999.
- 高櫻綾子「3歳児における親密性の形成過程についての事例的検討」『保育学研究』第45巻第1号，pp.23～33，2007.
- 高嶋景子「子どもの育ちを支える保育の「場」の在りように関する一考察――スタンスの構成としての「参加」過程の関係論的分析を通して」『保育学研究』第41巻第1号，pp.46～53，2003.
- 田中浩司「幼児の鬼ごっこ場面における仲間意識の発達」『発達心理学研究』第16巻第2号，pp.185～192，2005.
- 田中浩司「年長クラスにおける鬼ごっこの指導のプロセス――M-GTAを用いた保育者へのインタビューデータの分析」『教育心理学研究』第58号，pp.212～223，2010.
- 利根川彰博・無藤隆「幼稚園の1クラスにおける4歳児の仲間関係進展の事例的検討――社会的能力と仲間関係の重なりとしての3つの発達ライン」『乳幼児教育学研究』第20号，pp.1～11，2011.
- 淀川裕美「2～3歳児における保育集団での対話の発達的変化――「フォーマット」の二層構造と模倣／非模倣の変化に着目して」『乳幼児教育学研究』第19号，pp.95～107，2010.
- 淀川裕美「2～3歳児の保育集団での食事場面における対話のあり方の変化――確認しあう事例における宛先・話題・話題への評価に着目して」『保育学研究』第49巻第2号，pp.61～72，2011.

第6講

集団における経験と育ち

　本講では、保育の場において子ども集団がどのように成立するのか、また、そこでの保育者の役割とはどのようなものかについて学ぶ。Step1では、子どもたちがクラス集団と出会い、仲間関係を形成する過程について学ぶ。Step2では、集団遊びや集団での話し合い活動における保育者の援助のあり方について演習形式で学ぶ。Step3では、子ども集団が成立するうえで、人的環境としての保育者はどのような役割を果たすのかについて学ぶ。

Step 1

1. クラス集団との出会い

　幼稚園、保育所、あるいは認定こども園は、子どもたちがはじめて集団生活を経験する場である。家族という比較的少数の大人を中心としたコミュニティのなかで生活してきた子どもたちは、入園を機に、これまで出会ったことのない多くの仲間と生活をともにすることになる。

　こうした家庭から園への移行期（ワップナー，1992）に、子どもたちがはじめて出会う集団として「クラス」がある。結城（1998）は、幼稚園でのエスノグラフィを通して、子どもたちが身につける名札や、保育者が子どもたちを呼ぶ際に用いる「○○組さん」といった呼称が、子どもたちがクラス集団を意識するきっかけ（シンボル）となることを見いだしている。エピソード1は、入園式で保育者が新入園児にかけた言葉である。

> **エピソード1：入園式での保育者の言葉がけ**
> 　「たなかりょうたくん、おはようございます。きょうから、ちゅうりっぷぐみさんですよ。さあ、あかいふだをつけてあげましょうね…。ほら、あかいゾウさん！　かわいいわ！さあ、なかにはいってちゅうりっぷのおともだちといっしょにあそんでいらっしゃい。」
>
> （結城恵（1998）より引用）

　「あかいゾウさん」の名札や、「ちゅうりっぷぐみさん」という呼称は、自らのアイデンティティを示すとともに、そこにいる仲間もまた「ちゅうりっぷぐみのおともだち」、すなわちクラス集団の一員であることを示している。子どもたちは同じ名札、同じ呼称をもつ仲間と過ごすことによって、繰り返し、自らのアイデンティティを確認することになる。

　このように、子どもたちは園やクラスといった、自分の動機とは関係なく、居住区や年齢によってあてはめられるフォーマル集団のなかで、自発的で私的な関係、すなわちインフォーマル集団を成立させるのである（菊池，2005）。

2. 遊び集団の成立過程

社会的スキルの発達と遊びの集団形態

　子ども集団が成立するためには、仲間同士でのやりとりを維持し、発展させる社会的スキルが必要となる。遊びの古典理論とされるパーテン理論は、こうした社会

表6-1　パーテンの遊びカテゴリー

水準	集団形態	内容
Ⅰ	何もしていない行動	子どもは明らかに遊んでおらず、たまたま興味をもった対象をじっと見ている。
Ⅱ	ひとり遊び	ほかの子どもとかかわることはなく、近寄ろうともしない。ほかの子どもの活動に関心がない。
Ⅲ	傍観的行動	ほかの子が遊んでいるのを見ている。相手に話しかけ、質問をすることはあるが、遊びに加わることはない。
Ⅳ	並行遊び	何かをしている間に、自然にほかの子どもたちのなかにまぎれ込んでいく。周りで遊んでいる子どもが使っている遊具と同じような遊具で遊ぶ。
Ⅴ	連合遊び	ほかの子と一緒に遊び、活動に関係のある会話が交わされる。ただし、はっきりした目標や何かを生み出すために組織的に活動することはなく、仕事の分担もない。
Ⅵ	協同的に組織化された遊び	組織化された集団のなかで、何か形のあるものをつくったり、競争によって決定される目標を手に入れるために努力したり、大人や集団の生活場面を劇に仕立てたり、あるいは形式の定まったゲームをするために遊ぶ。

的スキルの発達にともない変化する、遊びの集団形態をとらえたものとして広く知られている（Parten, 1932）。

　表6-1にみられるように、パーテンは遊びの集団形態を社会的相互作用が複雑になる順に、水準Ⅰ「何もしていない行動」→水準Ⅱ「ひとり遊び」→水準Ⅲ「傍観的行動」→水準Ⅳ「並行遊び」→水準Ⅴ「連合遊び」→水準Ⅵ「協同的に組織化された遊び」の6段階に分類している。パーテンは、上記のカテゴリーを用いて、2歳から4歳児の自由遊びを観察したところ、年齢の高い子どもほど「ひとり遊び」の出現率が低く、「協同的に組織化された遊び」の出現率が高かった。加齢に伴い、低い水準の遊び形態の出現頻度が減り、高い水準の遊び形態が増すという結果は、パーテンの当初の仮説を支持するものであった。

集団への仲間入り、仲間入れ

　こうした遊び集団が成立するきっかけの1つに、「仲間入り」がある。仲間入りとは、一定の相互作用が成立している集団に、新たなメンバーとして参加しようとする試みを指す。ただし、こうした仲間入りの試みは、仲間に拒否されることもある。また、ほかのメンバーから参加のための条件が提示されることも少なくない。
　エピソード2は、4歳児クラスでの仲間入り場面での、めぐ、ゆり、べにお（エピソードでは「べに」と記述している）の3名のやりとりである。

> **エピソード2：4歳児の仲間入り場面での相互作用**
> めぐ：ね、いれて
> ゆり、べに：いいよ
> ゆり：だけど、お客さんになってくれる？
> めぐ：なるよ
> ゆり：じゃ、いれてあげる
> べに：ピンポンして
> ゆり：ピンポンして
> めぐ：じゃ、ぴんぽん
>
> （倉持清美（1994）より引用）

　めぐの「ね、いれて」という要求に対して、ゆりは「いいよ、だけどお客さんになってくれる？」と参加の条件を示している。めぐが「なるよ」と応じると、さらにべにとゆりが「ピンポンして」と、ごっこの演技を要求する。次々と呈示されるこれらの条件に一つひとつ応えることで、めぐははじめて遊び集団の一員として認められるのである。

　こうした仲間入り場面は、遊びの参加・非参加の境界が明確になる3歳ころから増加する。また、松井・無藤・門山（2001）は、4歳後半になると、こうした集団への仲間入りだけでなく、自分たちの活動に仲間を引き込む「仲間入れ」が用いられるようになることを見いだしている。

　こうした仲間入り、あるいは仲間入れに対して、保育者が「仲間に入れてあげる子どもは、優しい子ども。入れてあげないのは、意地悪な子ども」といった価値判断をしていた場合、子どもたちは、大人からの評価を気にして、意に反して仲間を受け入れる、あるいは遊びに誘い込むことがある。人的環境としての保育者は、こうした自らの価値観が、子どもに影響を与えることを常に意識しておくことが必要であろう。

3. 異年齢集団のなかでの子どもの育ち

　異なる年齢の子どもを一緒に保育することは縦割り保育、あるいは異年齢保育と呼ばれる。また、こうした縦割り保育の形態はとっていなくても、保育の場において異年齢同士の交流がみられることは少なくない。きょうだいを含め、異年齢の子ども同士がかかわる機会が少なくなった今、異年齢交流を積極的に位置づける園は増えてきている。

Step1 レクチャー

　こうした異年齢交流は、遊びの継承という点で非常に大きな役割を果たす。例えば田中（2014）は、4、5歳児の混合クラスで「缶蹴り」が継承された過程を分析している。次に示す**エピソード3**は、当時の様子を振り返った保育者の語りである。

エピソード3：4・5歳児混合クラスでの関係の継承過程

　やっぱり4歳児は、チョコチョコは「入れて」とか言って、入ってきます。でも、スッと抜けていってしまう。やっぱり同年齢（5歳児だけ）の方がしっくり遊べていた。いつの間にか、5歳と4歳が一緒に（園庭に）出て行っても、5歳が遊んでいて…（中略）…4歳は（5歳児の姿に）憧れて、築山の上から「スゴッ」って感じで見ていたりしますね。

注：（カッコ）内は著者による補足
（田中浩司（2014）より引用）

　4歳児にとって缶蹴りは難しい遊びであり、一時的に参加するものの「スッと抜けてしまう」ことも多かった。ただし、一度遊びから抜けたように見える子どもたちも、遊びへの関心を失ったわけではなく、園庭の築山の上から5歳児たちの遊ぶ姿を憧れの気持ちをもって見ていた。また、田中によれば、こうした4歳児も、進級するころには5歳児と対等に遊ぶようになったという。

　このような、異年齢集団のなかで遊びが継承される過程は、集団に対する周辺的参加から中心的参加へという「正統的周辺参加論」（レイヴ＆ウェンガー, 1993）の枠組みからとらえることが可能である。

　正統的周辺参加論では、学習や発達を「個人のなかにしまい込まれたもの」ではなく、「社会的実践共同体の参加の度合いを増すこと」であるとする。新たに共同体のメンバーとして参加する「新参者」は、すでにその共同体の活動に従事している「古参者」と活動をともにしながら、徐々に正統性を獲得していく。

　例えば、先の缶蹴りにおいて、新参者である4歳児は、古参者である5歳児の遊びに「入れて」といって参加してくるが、最後まで活動をともにすることは難しい。ただし、一度遊びから抜けてしまった4歳児も、築山の上から5歳児の姿を見るという周辺的な形で参加していた。こうした柔軟な参加が許容されることによって、4歳児は、徐々に、遊びの中心的なメンバーとしてその正統性を獲得していったのである。

第6講　集団における経験と育ち

Step2

> **演習1** グループワークを通して、クラスで鬼ごっこを楽しむうえでの配慮点について考えよう

課題

クラスの仲間と鬼ごっこを楽しむために、保育者はどのような点に留意すべきか、自分が経験したことのある鬼ごっこを紹介し、いくつかの鬼ごっこを実際に体験したうえで意見交換を行う。

進め方

(1) 準備するもの

様式（**表6-2**）。鬼ごっこのイメージが湧かない場合は、鬼ごっこに関する書籍や、保育実践が紹介されている保育雑誌を使用してもよい。

(2) 方法

① 自分が子どものころ、あるいはボランティアや実習等で経験した鬼ごっこの名称と遊びのルールをワークシートに記入する。

② 参加者同士で遊び経験を共有しながら、いろいろな鬼ごっこの遊び方を知り、そのうちのいくつかを実際にやってみる。

③ 遊びのなかで子どもたちはどのような体験をするのか、ポジティブ・ネガティブの両面から言語化してみる。

④ クラスで鬼ごっこを楽しむうえで、保育者はどのように援助するべきか考える。その際、具体的な子どもの年齢を想定して記述する。

⑤ 集団形成という視点から、鬼ごっこがどのような「育ち」につながるのか、参加者同士で意見を出し合い共有する。

表6-2 ワークシート例

鬼ごっこの名称	遊びのルール
・ ・ ・	・ ・ ・

仲間から出された鬼ごっこの例
・
・
・

ポジティブ体験	ネガティブ体験

保育者の援助のあり方（具体的な年齢を含めて）
・
・
・

鬼ごっこが集団形成に与える影響
・
・
・

進め方のポイント

　鬼ごっこのルールを言語化するのは、思いのほか難しいものである。また、実際に体験してみると、仲間から伝えられた鬼ごっこのルールが理解できず、困惑することもあると思われる。こうした体験を含めて、子どもたちにルールを伝えるにはどのような方法があるのか検討してみるとよい。

　また、鬼ごっこは好きな子どもと苦手な子どもに分かれる遊びでもある。実習やボランティア経験があればそのときの子どもたちの様子を振り返り、仲間と共有するとよい。また、自分自身が子どものころどうだったのか、苦手だった場合はどのような点が苦手だったのか思い出し、言葉にしてみる。ただし、苦手意識をもっている子どもたちのなかにも、仲間に入りたいと思っている子どもはいる。そうした子どもに対してどのような言葉をかけるか、また、どのような工夫をすれば多くの子どもが遊べるのか考えてみる。

演習2 子どもの意見を大切にしながら話し合いを進めるうえで必要な保育者のかかわりを考えよう

課題

　テーマに基づいて意見を出し合い、合意形成や確認を行う活動は「話し合い活動」と呼ばれ、幼児期の保育のなかでは特に大切にされる（杉山・野呂，1997）。ただし、こうした話し合い活動については、子どもの意見を引き出すことが難しい、一部の子どもの意見に流されてしまうといった実践上の悩みが語られることが少なくない。

　この演習では、保育の場においてこうした話し合い活動が行われる場面にはどのようなものがあるのか、実習やインターンでの経験、保育実践記録を分析材料として考え合いワークシートに記入する。さらに、保育の場を想定したロールプレイを行うことによって、一人ひとりの意見を引き出すための保育者のかかわり方について、参加者同士で意見を出し合い考える。

進め方

（1）準備

　すでに保育実習に行っていれば実習記録を分析材料とするのがよい。実習がまだである場合や、自分が見聞きした範囲で該当する事例がない場合は、ほかの授業で使用した教科書や資料、図書館にある実践記録が掲載されている書籍や保育雑誌のなかから、話し合い活動に関連するエピソードをピックアップし、材料にする。

（2）方法

① 準備した資料にみられる話し合い活動の流れと状況（年齢やグループ構成、話し合いの際の座席の配置など）、保育者のかかわりについて、**表6−3**を参考に書き出してみる。

② 保育者のかかわりのどういった点がよいと感じたのか、またかかわりが適切ではないと感じたのであればその理由と、自分ならどのようにかかわるか考えてみる。

③ 個人で考えた内容を、グループで話し合い、多様な視点から検討する。

④ 1つ、あるいは2つのエピソードをピックアップしたうえで、保育者役・子ども役に分かれて話し合い場面を演じ、その感想を**表6−3**の「ロールプレイを通

Step2 プラクティス

表6-3 ワークシート例

話し合い	生活発表会で発表する劇について
年齢 保育園5歳児クラス	グループ構成と座席配置 保育者1名・子ども15名 班ごとに机が分けられており、子どもたちは保育者に向かって着座している
具体的状況	生活発表会に向けて、クラスでどの劇を演じるか話し合いで決める。一部の子どもからは、好きな絵本のタイトルや物語の名前が出るが、まったく発言していない子どももいる。
保育者のかかわり	保育者は子どもの意見を引き出そうとするが、一部の子どもたちが次々に発言するため、意見を出せずにいる子どもの存在に気づきつつも対応できていない。
ロールプレイを通した気づき	保育者と子どもとの1対1の会話になってしまうと、話を聞き出すことで精一杯となってしまい、話をまとめる段階に至らない。仲間同士で考えさせるにはどのようにかかわっていけばよいのだろうか。

した気づき」の欄に記入する。

進め方のポイント

　ロールプレイでは、司会あるいはファシリテーター役を決めておくことで、参加者は演技に集中することができる。話が横道にそれてしまったときや、これ以上展開しないと感じたときにはいったん中断し、話題を元に戻すといった作業も必要になる。

　また、話し合い活動は、仲間の意見に興味をもって「聴き合う関係」をつくることが大切になる。そのため、仲間の意見に対する感想を引き出すようなかかわりを行うことで、保育者役と子ども役との1対1の会話に終始（しゅうし）することを防ぐことができる。

Step3

1. 集団遊びの成立・発展にかかわる保育者の援助

　乳幼児が集団遊びを楽しむうえで、保育者にはどのようなかかわりが求められるのか。田中（2007）は、追いかけっこや鬼ごっこを題材とした保育実践記録や遊びの発達研究を分析資料として、鬼ごっこの成立・発展過程を明らかにするとともに、そこでの保育者の援助のあり方について検討している。

　田中によれば、鬼ごっこの成立・発展過程は、図6-1にみられるような3つの段階に分けられる。

　1歳からみられる追いかけっこ期は、それぞれの役割が独立して存在するのではなく、一方の行動が他方の行動を誘発する、相補的役割行動（Mueller&Lucas, 1975）として特徴づけられる。例えば、大人が子どもを追いかけるマテマテ遊びでは、保育者は子どもに向かって「まてまて」と大きな声をあげて追いかけ、つかまえるとぎゅっと抱きしめる。子どもはこうした大人とのかかわりに誘発される形で逃げはじめ、保育者に抱きしめられるという情緒的なかかわりによって遊びはいったん終了する。こうした追いかけっこは、日常生活を通した保育者との信頼関係があってはじめて成立するものである。

　3～4歳にかけての鬼ごっこ成立期は、一方が追いかけ、他方が逃げ、タッチすると役割を交替するといった、ルール理解の過渡的段階といえる。遊びを援助する大人はこうした個人差を意識し、「オニサンこちら」といった言葉で役割を明確にしたり、遊びが一時的に中断してしまったときには、大人が子どもの代わりになる等、遊びを維持する役割を果たす。

　鬼ごっこ展開期は5歳以降の子どもが該当する。この時期になると、子どもたちはより複雑なルールをもつ鬼ごっこを楽しむようになるだけでなく、自分たちで遊びのルールを変化させるようになる。こうした遊びのなかで、保育者は子ども同士のチーム意識を強化するようなかかわりや、子ども同士の話し合い活動を促進するかかわりを行う。

　以上のように、保育のなかで追いかけっこ、鬼ごっこ、より集団的な鬼ごっこへ

図6-1　追いかけっこから鬼ごっこへの発展過程

と集団遊びが発展する背景には、それぞれの段階に応じた保育者のかかわりが介在しているのである。

2. 集団遊びの成立に対する保育者の役割

先にもみられたように、集団遊びが成立・発展するうえで、保育者の援助は重要な役割を果たす。こうした遊びの発展にかかわる保育者の援助のあり方について、高濱（1993）は、ブルーナーのフォーマット概念を用いて分析している。

フォーマットとは、大人と子どもとが共応して言語を伝え合えるようにするためのパターン化されたやりとりを指す。自らの意図をうまく伝えたり、他者の意図を読み取ったりすることが難しい子どもに、大人は決まったパターンの相互作用を駆使することで、子どもの理解を支えている。また、子どもがフォーマットを必要としなくなれば、大人はその支えを外していく。

高濱は、4歳児クラスのはじめから5歳児クラスの終わりまでの2年間、幼稚園のなかで展開しているごっこ遊びや象徴遊びの観察を通して、保育者が**表6-4**に示す5段階のフォーマットを使用しながらかかわっていることを明らかにした。

高濱の研究によれば、4歳児クラスの前半には、保育者は子どもの意図を読み取ることが難しく、まったくの手探りで子どもの意図をとらえようとするフォーマット①や②を用いたかかわりを行っていた。1年を過ごし、子ども同士の意図が明確になってくると、子どもの意図に直接応じ、子ども同士で解決をするように促すフォーマット④や⑤のかかわりが優勢になる。このように、保育者はごっこ遊び、象徴遊びに対して完全にかかわりの手を控えるわけではなく、かかわりのパターンを変化させながらかかわり続けているのである。

表6-4 ごっこ遊び・象徴遊びを援助する保育者のフォーマット

①仮想―オープン	幼児の意図が不明確なため、まったくの手探りで意図をとらえる。
②依頼―援助	幼児からの依頼を受け、やりとりを通して幼児のレベルを探り、援助を行う。
③折衝―意味付与	幼児同士の遊びのプランを結びつけつつ、幼児同士でプランの複合化が可能になると、かかわりを控える。
④要請―協同解決	前提となる幼児の意図に直接援助あるいは幼児との協同解決をする。
⑤表明―承認	幼児から進行中の遊びの状況が説明され、それを受け止める。

引用文献

- ブルーナー，寺田晃・本郷一夫訳『乳幼児の話し言葉 コミュニケーションの学習』新曜社，1988.
- ジーン・レイヴ・エティエンヌ・ウェンガー，佐伯胖訳『状況に埋め込まれた学習 正統的周辺参加』産業図書，1993.
- 菊池恵映「保育場面において遊びを捉える保育者のまなざし——"遊び集団を捉える"ことを困難にしているものは何か」『教育方法学研究』第31巻，pp.25〜36，2005.
- 倉持清美「就学前児の遊び集団への仲間入り過程」『発達心理学研究』第5巻第2号，pp.137〜144，1994.
- 松井愛奈・無藤隆・門山睦「幼児の仲間との相互作用のきっかけ：幼稚園における自由遊び場面の検討」『発達心理学研究』第12巻第3号，pp.195〜205，2001.
- Moll, L.C. & Whitemore, K. F., 'Vygotsky in classroom practice: Moving from individual transmission to social transaction', In Forman, E. A., Minick, N. & Stone, C. A. Eds., *Contexts for learning*, Oxford University Press, pp.19-42, 1993.
- Mueller, E. & Lucas, T., 'A developmental analysis of peer interaction among toddlers', Lewis, M. & Rosenblum, L. A. Eds., *Friendship and Peer Relations*, Wiley, pp.223-257, 1975.
- Parten, M., 'Social participation among preschool children', *The journal of Abnormal & Social Psychology*, 27(3), pp.243-269, 1932.
- 杉山弘子・野呂アイ「幼児の話合い活動について——日課の中の話合い活動の位置づけ」『尚絅女学院短期大学研究報告』第44集，pp.29〜37，1997.
- 高濱裕子「幼児のプラン共有に保育者はどのようにかかわっているか」『発達心理学研究』第4巻第1号，pp.51〜59，1993.
- 田中浩司「遊びの成立における大人の足場づくり：ルール遊びの成立・発展過程の分析」『心理科学』第27巻第1号，pp.32〜44，2007.
- 田中浩司『集団遊びの発達心理学』北大路書房，2014.
- ワップナー，山本多喜司訳『人生移行の発達心理学』北大路書房，1992.
- 結城恵『幼稚園で子どもはどう育つか 集団教育のエスノグラフィ』有信堂，1998.

第7講

発達における葛藤やつまずき

本講では、仲間とのいざこざと自我の発達にかかわる葛藤(かっとう)やつまずきの2つを扱う。Step1ではそれぞれの発達的変化や特徴(とくちょう)を整理し、Step2ではそれをふまえた保育者の援助やねらいについて解説し、考えていく。また、Step3では表面的な行動だけでなく、子どもの行動に影響する要因や自己制御という見方など、子どもの行動を解釈する観点についても紹介する。

Step 1

1. 葛藤やつまずき

　子どもの発達における葛藤やつまずきは、自分がめざしている目標に向かって進んでいる際に、何らかの壁にぶつかり思いどおりにいかない状態であり、この講では大きく2つに分けて説明していく。1つは、同年代の子どもとの対人的葛藤で、いざこざ、喧嘩、トラブル（以下、いざこざ）と呼ばれる。もう1つは、自我の芽生えとともに、自分が目的としていることや取り組みたいと思っていることに対してどのように向き合っていくかという自我の発達に関連した葛藤である。

2. いざこざの発達的変化と保育者の援助

3歳未満児のいざこざ

　3歳未満児のいざこざの多くが物や場所（相手のパーソナルスペース）をめぐる争いである（Hay & Ross, 1982；Shantz, 1987）。0歳代後半に子ども同士が欲しい物を引っ張り合うことからはじまり（遠藤, 1986）、1歳ごろから相手を攻撃する（たたく、かみつく）（松永ら, 1993）、相手に言葉で「かして」と要請する（本郷ら, 1991）ようになる。これらは相反する行動であるが、物に集中していた時期から、その先の相手に目が向くようになったことを示している。また「かして」という要請には、先行所有のルール（先に使っていた子どもにその玩具を使用する権利がある）の理解が影響している（山本, 1991）。攻撃は1歳から3歳の間にピークを迎え、その後減少していく（Hay, 2005）。一方で、同時に1歳代から言葉による要求が示されるようになり、2歳ごろから状況の説明、条件の提示、質問などのスキル的な主張が増えていく（野澤, 2011）。攻撃行動が自分の気持ちの表出の手段であったが、相手の意図理解や言語能力の発達により、自分の気持ちを言葉で伝えられるようになることで攻撃行動が減っていくと考えられる（西川・射場, 2004）。

　子ども同士のいざこざに対して、3歳未満児は保育者が積極的に介入する。0～1歳児クラスを対象とした研究（本郷ら, 1991）では、いざこざが始まる初期の段階では、子ども同士で手が出ることが多いため、制止したり禁止したり、代わりの物を渡すことで解決しようとする。しだいに子どもが相手を意識しだした行動をとることと併せて、要求や気持ちの確認、相手の状況の説明、順番・共有・別の遊びの提案をするようになる。このことから、相手の存在や意図に注意を向け、両者の

Step1 レクチャー

子どもの間に立つような役割を担うようになることがわかる。

3歳以上児のいざこざ

　3歳以上児になると仲間入り、遊びのアイディアといった遊びの共有に関するいざこざが増えてくる（Chen et al., 2001; Shantz, 1987）。この背景には、3歳ごろを境にひとり遊びや平行遊び（同じ場所にいるが、かかわらず個別に遊ぶ）から連合遊び（玩具の貸し借りや会話をしながら一緒に遊ぶ）や協同遊び（共通の目標をもって組織的に遊ぶ）へと遊びが変化していくこと（Parten, 1932）がある。一緒に遊びたいのに意見が合わないという葛藤を体験することとなるが、「一緒に遊ぶ」ことが目的となっているこの時期には、相手と要求が対立した場合にもなんとか合意をめざそうとする。例えば、年齢が上がるにつれて自分たちで解決方法を提案することが増え、主張を言い張ることは減っていく（Chen et al., 2001）。また、特定の仲間と親密な関係を築くようになるこの時期は、いざこざの相手が親しい友だちなら、長引く対立を避けようとする行動をとるようになり（断固たる態度をとることは減り、交渉や互いに離れることが増える）、より公平な解決を選び、いざこざ後もやりとりは継続する傾向にある（Hartup et al., 1988）。

　3歳以上児のいざこざへの保育者の介入は、3歳未満児に比べて少なくなる。それは、子ども同士で話し合いながら解決をめざすことが少しずつ可能になり、保育者が安易に介入することで子ども自身が解決する機会を損なわないためである。しかし、けがが予想される場合や固定化された力関係がみられる場合、話し合いが膠着してどうしても進まない場合などは必要に応じて介入すべき場面としてあげられる（斉藤ら，1986）。介入する際の基本的な姿勢は、3歳未満児と変わらず相互理解をめざすことにあり、まずは相互の意見を聞き、状況を整理して伝える、子どもたちが考える機会をつくる、そのうえで子ども同士ではどうしても解決が見いだせない場合に解決案を提示していく。常にうまく解決しようとすると安易な解決（互いに「ごめんなさい」と言わせるなど）を選択してしまい、いざこざの過程を通して能力（言語能力、他者理解、自己制御など）を育てる機会を奪ってしまうため、その過程を通して子どもが何を感じ、考えられるかという視点で介入しいくことが重要である。

第7講　発達における葛藤やつまずき

3. 自我の発達にかかわるつまずきと保育者の援助

反抗期と誇り

　自我の芽生えとともに発達上、最初につまずく時期は「反抗期（はんこうき）」であるといわれる。1歳ごろから子どものなかに自分で靴（くつ）を履（は）く、散歩でこっちの道へ行くなどの強い意志や「つもり」が芽生えて、すべてを聞き入れられない大人との間で、葛藤が生じる。これは、先を見通すという認知能力の成長でもあり、自分でこうしたいという強い意志の現れでもある。3歳ごろまで続くため、大人から見れば長い反抗期のように感じるが、田中・田中（1982）によれば、1歳半に転機がある。それまでは例えば「おもちゃを買うのだ（…ダ）」と譲れなかった意志が、1歳半ごろを機に「（今は買ってはもらえないから）泣いてぐずるのではない、お母さんのところに行くのだ（…デハナイ、…ダ）」と自分の気持ちを立て直し、切りかえていくようになる。しかし、1歳半になれば簡単に切りかえられるものではなく、子どもが「…デハナイ」と周囲に目を向けられるように、大人が「わかった」といったんは最初の要求を受け止めること（神田，1997）や共感しながら少し待つ「間」（西川，2013）などが重要である。子どもの要求を聞き入れるということではなく、やりたいという気持ちを受け止めたり聞いたりすることで、子どものなかに周囲の状況と自分の主張を落ち着いて考えられる時間の余裕をつくることになる。2歳ごろからは、「ジブンデ（やりたい）」と主張することが増えるが、この背景にはもう1つ「自分を認めてほしい」という強い気持ちがあり、同様に「わかった」とその思いを受け止め、できたことを共感することで、自分に対する誇（ほこ）りが育っていく（神田，2004）。

見通しや比較する力と自信

　このように誇りを感じる機会を十分にもてると、2歳から3歳にかけて誇りに満ちた生活を送ることができるが、4歳ごろに再びつまずく時期を迎える。4歳ごろになると「こうしたらこうなってこうなる…」というような長い先の見通しがもてるようになり、自分のしたいことをがまんしてすべきことをするという自己抑制が高まる。また、大人や他児の様子を見て、それと同じようにやりたいという気持ちが芽生え、他者と比べて自分がどれだけできるかが正確に理解できるようになる。すると、できないかもしれないと萎縮（いしゅく）し、他者の何気ない言葉に傷ついて自信がもてなくなることがこの時期に起こりうる（西川，2013）。西川（2013）は、「でき

ないからやらない」と言う子に対して、「後でやってみよう」「見てるだけでもいいよ」などの声かけや保育者も一緒に活動しながらタイミングよくさりげなく手を差し伸べるなど多様なはたらきかけを提案している。また、失敗した場合に周りの大人（保育者・保護者）が否定的な評価ではなく、あたたかく受け止め、子どもが安心できる状況づくりや「できる－できない」の一面的な見方ではなく、見方を変えれば違う側面がみえてくる（かけっこは遅いけど、もの知りだね）というように評価や価値観を多様化させることの重要性を指摘している。また、4歳ごろになると仲間との関係も親密になってくるため、仲間から認められる機会も重要である。

保育者の援助・対応の考え方

　神田（1997）・西川（2013）などを参考に、保育者の援助を直接的－間接的、短期的－長期的という視点から表7-1のように整理した。子どものつまずきをすぐに解消し、できるようになることを求めるのではなく、大人が余裕をもって接することによって、子どもが自分を振り返ったり、そのときにこだわっていることとは別の見方をもてたり、子どもが納得して誇りや自信がもてる援助を提案している。大人に強いられてやるのではなく、時間がかかったとしても子どもが納得してやることの意味は大きく、納得して次に進むことで誇りや自信をもつことができる。

表7-1 自我の発達にかかわるつまずきに対する援助・対応の考え方と例

	短期的	長期的
直接的	・子どもの気持ちをじっくり聞く・受け止める ・「後でやってみよう」「見てるだけでもいいよ」と声をかける	・楽しいことをクラスの友だちや保育者と共有できる遊びを増やす ・子どもができることを探して、遊びに取り入れていく
間接的	・人形を使って、子どもに声かけする ・他児がその子のできるところを認めるような声かけをうながす ・補助的な道具を用意する	・子どもを「できる－できない」で見ていないか自分で振り返ったり、保育者同士で話し合ったりする ・保護者と子どもの行動の見方について話す機会をもつ

Step 2

演習 1 いざこざ場面の発達的特徴(はったつてきとくちょう)を読み取り、保育者の援助とねらいについて考えてみよう

課題

① いざこざ場面の子どもの行動から発達的特徴を読み取る。
② 保育者の援助を具体的な言葉(台詞(せりふ))や行動であげ、そのねらいについて考えていく(いざこざの介入を通して、子どもにどのようなことを理解してほしいか、またどのような力を身につけていってほしいかをねらいとして考える)。

進め方

(1) 準備するもの

子ども同士のいざこざの事例(自分が体験したものや書籍などで紹介されている事例)。

(2) 方法

① いざこざの事例での子どもの発言や行動を時系列的(じけいれつてき)に書き出していく。
② それぞれの発言・行動から読み取れる発達的特徴を考えて書いていく(**表7-2**)。
③ 保育者としては、どのように援助するか、具体的な言葉(台詞)や行動をあげていく。また、そのねらいは何かを考えて書いていく(**表7-3**)。
④ グループで意見を出し合い、討論して進めていく。特に子どもの発達的特徴は妥当(だとう)か、年齢に応じて保育者のねらいは妥当か、援助はねらいに合っているか、具体的な言葉や行動はその年齢の子どもにとってわかりやすいものになっているか、という視点で討論していく。

解説

ここでは、**事例1**を例にあげて、解説する。1歳児クラスの取り合いであり、AちゃんがBちゃんをたたくという行動から、互いの存在を認識していることが推測される。言葉で自分のものだと主張していることから、一語文程度の言語能力も発達しており、簡単な言葉のやりとりは可能であると考えられる。保育者の援助としては、すでに手が出ていることから、それ以上攻撃行動が起こらないように両者の間に立ち、まだ手が出るようなら制止して「たたいたら、だめだよ」と伝える。

Step2 プラクティス

事例1
1歳児クラスで、AちゃんとBちゃんがおもちゃの取り合いをしている。互いにおもちゃを離さず、「Aちゃんの」「Bちゃんの」と言い張っている。AちゃんがBちゃんをたたいてしまい、Bちゃんが泣き出した。Bちゃんが泣くのを見て、Aちゃんはびっくりしている。

表7-2 いざこざ場面における子どもの行動と発達的特徴

子どもの行動	発達的特徴
「Aちゃんの」「Bちゃんの」と発言する。	一語文を話せる言語能力が身についている。
AちゃんがBちゃんをたたく。	おもちゃが手に入らない原因はBちゃんだと理解している。
Bちゃんが泣いて、Aちゃんが驚く。	Bちゃんの感情に注意を向けることができる。

表7-3 いざこざ場面における保育者の援助とねらい

対象	援助	ねらい
A・B	二人の間に入る。	新たな攻撃を防ぐ。
B	「痛かったね、どこが痛かったの?」と聞き、たたかれたところをなでてあげる。	Bちゃんの苦痛に共感する、痛いことを表現することをうながす、気持ちを落ち着かせる。
A・B	「これが欲しかったの?」など状況を聞き出す。	何が起こったのかを保育者が把握する。Yes/Noで答えやすいように聞く。
A・B	聞き出した内容をそれぞれに伝える。	それぞれの子どもに相手の気持ちを確実に伝える。
…	…	…

また、泣き出したBちゃんに「痛かったね、どこが痛いの?」と声をかけながら慰め、気持ちを落ち着かせる。そして、両者にどうしたかったのか、「Aちゃんはこれが欲しかったの?」など聞き出す。3歳未満児では、状況を多くの言葉で表現することが難しいため、年齢に合わせて「Yes/No」で答えられるような質問ができるとよい。聞き出したことを「Aちゃんはこれが欲しかったんだって」などと相手に伝える。また、たたいたことについては、「たたいたら痛いよ。泣いてるよ。Bちゃん悲しかったよ」と伝える。物事の因果関係は理解し、感情への気づきもあるため、Aちゃんにとっては、自分がたたいたからBちゃんが泣いたということは理解しやすい。また、「悲しい」という内面の感情にも目を向けるようにして、たたくと相手が悲しむという因果関係に気づけるようにうながす。

演習2　葛藤やつまずきの場面で、子どもの行動の背景を考察し、保育者の援助について考えてみよう

課題

① 子どもが葛藤している場面をあげ、年齢に応じてどのような気持ち（自己）がその背景にあるのかについて考える。
② 保育者の援助について、多面的に援助方法をあげ、その効果について考えていく（「直接的－間接的」援助、「短期的－長期的」援助）。

進め方

（1）準備するもの

自己主張をして譲れない場面、やりたい気持ちはあるのに踏み出せない、できないなどの葛藤をかかえている場面の事例。

（2）方法

① 事例2を読み、なるべく多くの援助・対応をあげていく。
② 表7－1のフォーマットを使用して、①で考えた援助・対応を書き込んでいく。なるべく空白の欄がないように考える（表7－4参照）。
③ グループで各自が書いた表を見て、互いにどのような援助・対応をあげたのか、その理由、子どもの気持ちの推測などを話し合う。
④ すぐにできるようになることを求めるような援助・対応をあげた場合は、なぜそのような援助・対応を考えたのか、保育者の仕事全体をふまえて考え、話し合う（保育者自身の焦り、他児との行動の違いを解消したいという思い、保育のスケジュール上の都合など）。

解説

ここでは、**事例2**を例にあげて解説する。まずは、直接的で短期的な援助・対応として、Gちゃんの気持ちを聞き取り、受け止めることがあげられる。言葉では、「できないからやりたくない」のみの表現だが、その背景に「やりたい」気持ち、その他の気持ち（ほかの子ができているのにくやしいなど）がないか、時間をとって聞き、受け止める。聞き取り、受け止めることでGちゃんの不安な気持ちを支えることにもなる。そのうえで、「やりたい気持ち」があるのであれば、直接的に

Step2 プラクティス

事例2

4歳児クラスでは、鉄棒で遊ぶことがはやっている。くるりと前回りができる子もいれば、豚の丸焼き（両手と両足を鉄棒に引っ掛けてぶら下がる技）が好きな子もいる。Gちゃんは最初に豚の丸焼きをやってみてうまくいかなかったことから、「できないからやらない」と言って、やらなくなってしまった。しかし、クラスの子が鉄棒で遊ぶ姿をうらやましそうに見ている様子が何度も見られる。

表7-4 葛藤場面における保育者の援助・対応

	短期的	長期的
直接的	・Gちゃんの気持ちをじっくり聞く、受け止める。 ・できるようになるヒントやコツを伝えていく。 ・豚の丸焼き以外にもさまざまな技（難易度の異なる）があることをGちゃんとクラスのみんなに伝えていく。	・楽しいことをクラスの友だちや保育者と共有できる遊びを増やす。 ・Gちゃんがほかにできることを探して、遊びに取り入れていく。
間接的	・ほかの友だちにGちゃんを誘ってもらう。 ・できる子にできるようになるコツを教えてもらう。 ・できないことに根気強く取り組む主人公が出てくる絵本を読む。	・「やりたくない」気持ちも認めながら、長い目でGちゃんの成長を見ていくことを心がける。 ・Gちゃんが意欲をもって取り組む場面をほかの保育者と話し合う。 ・余裕のある保育ができるよう職員配置等の見直しや仕事の効率化を進める。

はコツを教えたり、簡単なレベルの技に挑戦できるよう難易度の異なる技を紹介したりすることで、できそうなものに取り組めるようにする。また、4歳児クラスという年齢からクラスの友だちのはたらきかけや評価の重要性が高いため、間接的援助として友だちからのはたらきかけもうながしていく。絵本などのツールも利用して、努力する姿やできる過程でがんばることの重要性が伝わるようにする。長期的には、鉄棒のこと以外で、安心できる環境や達成感をもてる活動を用意する。また、余裕をもって援助・対応できるように保育者の心構えや環境をほかの保育者と相談しながら整えていく。

Step3

1. 社会的ひきこもり・シャイな子どもの葛藤

　これまでは、子どもの葛藤やつまずきが比較的表面的に現れている行動や場面を扱ってきたが、表面化せずに子どものなかで葛藤が生じている場合もある。ルビンとコプラン（2013）は、仲間が存在しているにもかかわらず、一人で過ごしている子どもを社会的ひきこもりやシャイネスという観点から研究している。そしてそのなかに社会恐怖や不安から、仲間とかかわりたいがかかわれないという内面では葛藤を抱えている子どもたちがいることを示している。乳幼児期からその特徴は顕著に現れるが、養育の影響も指摘されている。例えば、乳幼児期の子どもをもつ親が、子どもに対して鈍感であったり、過保護であったり、嘲笑・過度な批判を行っている場合、社会的ひきこもりの傾向を強めるとの結果が得られている。一方で、感受性が高く、あたたかみがあり、賞賛をともなった養育がなされた場合、社会的ひきこもりの傾向が軽減されることも指摘されている。また、社会的ひきこもりの子どもが仲間から拒絶、排除、被害を受けると心理社会的困難を経験することが増えるが、拒絶や排除を経験しなければ適応上の問題は少なくなるとされている。このような子どもの内面の葛藤は気づかれにくいが、保育場面では、養育の研究結果を参考にするとともに、子どもが感じる社会恐怖や不安との葛藤と仲間関係に配慮した援助をしていく必要がある。

2. 攻撃行動の多い子どもに影響を及ぼす要因

　いざこざや自分の思うとおりに進まないときに他児に手を出す攻撃行動が多い子どもは幼児期の後半や児童期までその行動が継続し、周囲への悪影響を及ぼす問題（外在化問題）を起こすことがさまざまな研究で示されている。そのため、子どもの攻撃を「小さい子どもだからよくあること」ととらえず、他児よりも頻度が多い、理由のわからない攻撃をする子どもには、その行動に介入していくことが必要となる（Hay, 2005；西川・射場, 2004）。その際に、どの要因が影響しているか、という観点で考えることが重要となる。例えば攻撃的な子どもの社会的認知能力について調べた研究では、自分へのはたらきかけを敵意のある行動として誤って認識してしまう、その敵意が自分だけに向けられたものと認識するなど、適切な情報を活用できていないという結果が示されている（Dodge, 1980など）。加えて、攻撃的な子どもは仲間から拒否され、否定的な評価を受けることが多く、そのことがさらなる攻撃的な行動や不適応な行動を呼び起こすという悪循環を生んでいる（クー

パーシュミット＆ダッジ，2013）。したがって、ただ単にがまんする練習をするというような自己抑制を強いる以外の、攻撃行動に影響する要因に目を向けた援助の選択肢（他者の意図理解をうながす、仲間関係の修正を図るなど）を考慮すべきである。

3. 葛藤に対する自己制御（自己主張・自己抑制）という観点

葛藤はやりたいことが壁にぶつかってできない状態であるが、要求が仲間に拒否された場合には努力して自己主張する、もっと遊びたいのにお片づけの時間になった場合は、自己抑制して片づけるのように自己制御という観点から考えることができる。柏木（1988）は、この自己抑制と自己主張の2つの側面を合わせて自己制御機能と呼び（表7-5）、そのバランスの必要性を指摘している。その場の状況に応じて自己主張すべきか、自己抑制すべきかの判断は変化するが、子どもが今、何に葛藤しているのかの考察や保育者の援助を考える際の参考にしてほしい。

表7-5　自己制御の各因子と項目例（柏木，1988をもとに筆者が作成）

		因子	項目例
自己主張	拒否・強い自己主張	自分の意志に反するものに対する拒否や抗議	嫌なことは、はっきり嫌と言える
	遊びへの参加	玩具の貸し借り、参加の要求、協同的行動	入りたい遊びに自分から「入れて」と言える
	独自性・能動性	自分のアイディアの表現、課題への能動的かかわり	遊び方や制作などにアイディアをもっている（保育者に一々きかずに、自分のアイディアでどんどんする）
自己抑制	遅延可能（待てる）	欲求充足の遅延、ルール・教示の遵守	ブランコやすべり台を何人かの友だちと一緒に使える、かわりばんこができる
	制止・ルールへの従順	制止やルールの遵守	制止するとわざとする＊
	フラストレーション耐性	欲求が満たされない場合にがまんすること	悲しいこと、くやしいこと、つらいことなどの感情をすぐ爆発させずに抑えられる
	持続的対処・根気	困難な課題や失敗に対する積極的で粘り強い対処	ちょっと失敗したりうまくいかないと、すぐあきらめてしまう＊

注：＊は逆転項目。

引用文献

- Caplan, M., Vespo, J.E., Pedersen, J. & Hay, D.F., 'Conflict and its resolution in small groups of one- and two-year-olds', *Child Development*, 62, pp.1513-1524, 1991.
- Chen, D. W., Fein, G., Killen, M. & Tam,H., 'Peer Conflicts of Preschool Children: Issues, Resolution, Incidence, and Age-Related Patterns', *Early Education and Development*, 12, pp.523-544, 2001.
- Dodge, K.A., 'Social cognition and children's aggressive behavior', *Child Development*, 54, pp.162-170, 1980.
- 遠藤純代「０〜２歳代における子ども同士の物をめぐる争い」『北海道教育大学紀要』第36号，pp.17〜30, 1986.
- Hartup, W. W., Laursen, B., Stewart, M. A. & Eastenson, A., 'Conflict and the friendship relations of young children', *Child Development*, 59, pp.1590-1600, 1988.
- Hay,D.F., 'The Beginnings of Aggression in Infancy', In Tremblay,R.E., Hartup, W.W., & Archer,J.（Eds）., *Developmental origins of aggression*, The Guilford Press, 2005.
- Hay, D.F., & Ross, H.S., 'The social nature of early conflict', *Child Development*, 53, pp.105–111, 1982.
- 本郷一夫・杉山弘子・玉井真理子「子ども間のトラブルに対する保母の働きかけの効果——保育所における１〜２歳児の物をめぐるトラブルについて」『発達心理学研究』第１巻 第２号，pp.107〜115, 1991.
- 神田英雄『０歳から３歳 保育・子育てと発達研究をむすぶ〈乳児編〉』ちいさいなかま社，1997.
- 神田英雄『伝わる心がめばえるころ〜二歳児の世界〜』かもがわ出版，2004.
- 柏木惠子『幼児期における「自己」の発達：行動の自己制御機能を中心に』東京大学出版会，pp.17〜43, 1988.
- クーパーシュミット, J.B. & ダッジ, J.A., 中澤潤監訳『子どもの仲間関係——発達から援助へ』北大路書房, 2013.
- Laursen, B. & Hartup, W.W., 'The dynamics of preschool children's conflicts', *Merrill-Palmer Quarterly*, 35, pp.281-297, 1989.
- 松永（朝生）あけみ・斉藤こずゑ・荻野美佐子「保育園の０〜１歳児クラスの子ども同士のいざこざにおける社会的能力の発達」『山形大学紀要（教育科学）』第10号，pp.67〜80, 1993.
- 西川由紀子『かかわりあって育つ子どもたち ２歳から５歳の発達と保育』かもがわ出版，2013.
- 西川由紀子・射場美惠子『「かみつき」をなくすために保育をどう見直すか』かもがわ出版，pp.51〜91，2004.
- 野澤祥子「１〜２歳の子ども同士のやりとりにおける自己主張の発達的変化」『発達心理学研究』第22号，pp.22〜32, 2011.
- Parten,B.M., 'Social participation among preschool children', *Journal of Abnormal and Social Psychology*, 27, pp.243-269, 1932.
- ルビン, K.H. & コプラン, R.J., 小野善郎訳『子どもの社会的ひきこもりとシャイネスの発達心理学』明石書店，2013.
- 斉藤こずゑ・木下芳子・朝生あけみ「仲間関係」無藤隆・内田伸子・斉藤こずゑ編『子ども時代を豊かに——新しい保育心理学』金子書房，pp.59〜111, 1986.
- Shantz, C.U., 'Conflicts between children', *Child Development*, 58, pp.282–305，1987.
- 田中昌人・田中杉恵『子どもの発達と診断 ２乳児期後半』大月書店，1982.
- 山本登志哉「幼児期に於ける『先占の尊重』の原則の形成とその機能——所有の個体発生をめぐって」『教育心理学研究』第39巻第２号，pp.122〜132, 1991.

第8講

保育の環境の理解と構成

　本講では、保育における環境構成の基盤となる知識と考え方を学ぶ。Step1では、環境という言葉が何を意味しているのか、また、保育者は環境を整える存在であるということ、環境を整える際に重要な原則について学ぶ。Step2では、環境と人間の関係を体験的に実感する方法と、子どもの姿から環境構成を行う保育の疑似(ぎじ)体験の方法を提供する。Step3では、環境と子どもの関係について、脳科学とアフォーダンスの観点から説明を加える。

Step 1

1. 環境とは

　環境とは何か。まずは、保育という場面から離れ、この本を読んでいるあなたの環境について考えてみよう。

　環境というと、「環境破壊」や「環境問題」といった言葉に代表されるように自然環境を指すことが多い。しかし、自然環境だけが環境ではない。環境という言葉には、われわれの周囲に存在するすべての人・物・事が含まれている。自分を取り巻く世界のすべてと言い換えてもいいだろう。

　今あなたはどのような環境にいるだろうか。あなたが手に取っているこの本、あなたが座っているいす、本が置かれている机、机の上に置いてある飲み物などは、手にとって触ったり、使ったりすることができる「物」である。近くに座っている友だち、教室の前のほうに立っている先生などは、言葉やそれ以外の何らかの方法でかかわり合い、親しみを感じたり、ときにはいがみ合ったりといった関係を結ぶことができる「人」である。「事」を実感するのは少し難しいが、事象や現象といったことが「事」である。文字を読むのに十分な明るさ、冷房や暖房によって整えられた室温、机の上のカップから漂うコーヒーの香りは「事」である。

　こうした環境はただそこに存在するだけではない。われわれは環境と相互作用をする。相互作用とは互いにはたらきかけるということである。

　例えばあなたが机の上にあるカップを手に持つと、コーヒーはその熱をあなたの手に伝える。あなたがはたらきかけを行い、それに対してコーヒーの側からはたらきかけられるという相互作用のごく単純な例である。同様に、あなたがコーヒーを一口すする（はたらきかける）と、コーヒーの側は熱さや味・香りをあなたに伝える（はたらきかけられる）。さらに、コーヒーに含まれるカフェインという物質はあなたの脳に届き、興奮状態を引き起こす。すると、あなたが感じていた眠気は抑えられ、あなたは本を読み、内容を理解することに集中することができる。

　ほかにも、本のページをめくることで次のページの内容が呈示されること、太陽が沈み暗くなったときに電灯のスイッチを入れることで部屋が明るくなること、嫌なことがあったときに身近な人に自分の体験や感情を伝え、それに対する反応を得ることで自分の心情が安定することなど、われわれの生活は環境との相互作用で成り立っていると言っても言い過ぎではない。

　つまり、環境はわれわれの身近に存在し、われわれは常に環境と関係をもっているということである。

Step1 レクチャー Step2 Step3

2. 子どもと環境

　では保育の場に話を移してみよう。保育の中心は子どもである。したがって、「環境とは子どもの周囲に存在するすべての人・物・事」であり、「子どもと環境は相互作用する」と定義することができる。

　保育者としてのあなたは、子どもにとっては「人」という環境の一部であるし、一緒に生活を送っているほかの子どもも「人」である。また、「物」は保育の現場にあふれているだろう。ごく一部を例としてあげれば、乳児のための口にくわえて遊ぶおもちゃや振ると音の鳴るおもちゃ、幼児のためのままごとの道具や絵を描く材料、粘土や積み木といった、遊びに使う「物」。また、乳児が寝転ぶ場所に敷いてある敷物、トイレの便器、幼児が座るいすや、荷物・上着・帽子などを収納する棚など、生活のための「物」。園庭の砂や土、園庭に生えている草・木・花はもちろん、そこに住んでいる小さな生き物も広義では「物」である。考え出せばきりがないほど、子どもは「物」に囲まれて過ごしている。最後にあげる「事」の例としては、保育室の気温、夏の暑さ・冬の寒さ、季節の移ろいなどがあげられる。また、飼育していたウサギが死んでしまうことや、カブトムシが卵を産むことは少し抽象的な生命という「事」とつながっている。

　子どもたちは、そうした「人・物・事」に囲まれ、相互作用をしながら生活するのである。想像してみてほしい。例えば、色のついたおもちゃがある。ある子どもがそれを見る。光の反射によって起こる色という現象（すなわち「事」）に刺激されて、おもちゃ（すなわち「物」）に興味をもち、その子は手を伸ばしておもちゃをつかむ。手にしたおもちゃを振ることで音という現象（すなわち「事」）が起こり、それを聞いた別の子ども（すなわち「人」）が、そのおもちゃを貸してもらいにくる。まさに相互作用の連続である。また、こんな場面も想像できるだろう。屋外で、アリ（生物という「物」）が地面を歩いている。それをつかまえようとした子どもが、アリにかまれて痛み（という現象＝「事」）を体験する。同じ体験をしたことのある友だち（「人」）と、共通の体験について語り合うことで気持ちの通じ合いが生まれる。

　このように、保育の場で日常的に起こっていることは、「子どもと環境との相互作用」として理解することができる。そして、そうした視点をもつことは、子どもの状態や環境の状態、子どもと環境の関係を把握することに役立つ。そこから、保育者が日々の保育として何をするべきなのかがみえてくるのである。

第8講　保育の環境の理解と構成

3. 保育者と環境

　保育の目的は、保育所保育指針によれば「健全な心身の発達を図ること」である。また、「環境を通して、養護及び教育を一体的に行う」とあり、環境はそのための方法・手段として位置づけられている。すなわち、保育者は環境をつくったり整えたりすることによって保育を行うのである。

　具体的に考えてみよう。乳児の保育室の床には畳やカーペット、ラグなどが敷かれていることが多い。乳児は、寝転んで体全体で床と接したり、お尻を床につけて座ったり、ハイハイで床に手のひらをついたり、裸足の足の裏で床を踏みしめたりといった行動をとる。その際に、冷たく固い板張り（フローリング）の床よりも、暖かく柔らかい材質の物（畳やラグ、カーペットなど）を床に敷いてあったほうが、乳児が心地よさを感じるだろうという、保育者による環境構成の一例である。もちろんそれは、心地よさを体験することだけが目的なのではなく、心地よさの体験が安心感につながり、安心感があることで周囲の環境への積極的なかかわりが生じることもねらいとしているだろう。

　では、乳児の保育室から、幼児の園庭に目を移してみよう。多くの園には砂場があり、その周りにはスコップやシャベルが配置してある。乳児であれば、素手で砂にかかわることで、砂の感触を直接味わい、砂の性質を実感するということをねらいにすることもある。その場合、道具は必要ないし、むしろないほうがよい場合もある。しかし、そういった経験をすでに積み重ねてきた幼児に対して保育者は、砂と新たなかかわり方をしたり、砂を通して周囲の子どもとかかわったりするような環境を設定するのである。スコップやシャベルは素手よりも多くの砂を簡単に移動させることができる。ある子どもは、大きな穴を掘ってそこに体ごと入るという遊びをするかもしれない。ダイナミックな遊びはほかの子どもを刺激しやすい。大きな穴での遊びを見た別の子どもは、自分でもやってみたいという意欲に駆られるかもしれないし、力を合わせてより大きな穴を掘ろうとして仲間との気持ちのつながりをもつかもしれない。スコップやシャベルのほかにも、ふるいやじょうご、さまざまな大きさや形の器、ままごと用の調理道具など、砂場の周りには多種多様な物が用意されているだろう。また、水を使えるようにしてあり、バケツやじょうろが置いてあることも多い。

　こうした何気ないようなこと、当たり前のようなことも、すべて保育者が整えた環境である。そこには、子どもたちが人や物や事とのかかわりを広げたり深めたりすることができるようにという保育者の願いが込められているのである。

4. 環境構成の原則

　では、保育者は何を願い、何を考えて、環境を整えるべきなのだろうか。保育者がしたがうべき3つの原則を紹介しよう。

子どもの姿から始める

　最も大切なことは、子どもを理解しようとすることである。目の前にいる子どもが、何を求めているか、何（だれ）を好きだと感じているか、何を楽しいと思っているか、何（だれ）に憧れているか、何をやりたいと思っているか、そのような問をもって子どもを見てみよう。すぐにすべてがわかる必要はない。少しでも、1つでもわかれば、それがその子に対する保育を展開する糸口となる。忘れないでほしいことは、保育の出発点は個々の子どもの姿であって、「何歳になったら、何ができる」といった言葉で語られるような、平均的な子どもの姿ではないということである（子ども理解の方法について、詳しくは第10講を参照すること）。

興味・関心・意欲を刺激するように

　目の前の子どものことが少しわかったら、その子の興味・関心・意欲を刺激することを考えてみよう。すなわち、その子が「おもしろい」「見たい」「知りたい」「やりたい」と思うような環境を用意するのである。その際に大切なことは、その子が環境と相互作用できるように環境を整えておくことである。環境が子どもを刺激し、それに応じて子どもが環境にはたらきかけ、再び環境が変化や反応を子どもに返す、その連続が相互作用である。子どもは環境との相互作用のなかで発達するので、子どもが刺激を受けるばかりで受け身になってしまっては、相互作用が起こらず、保育として意味がない。子どもが「おもしろい」「見たい」と思うからといって、テレビを見せることだけが保育ではないのである。

子どもが少し背伸びをするように

　子どもが環境にはたらきかけ、十分に相互作用を楽しんだら、保育者はその先、その外側を意識しよう。たとえて言うなら、その子が少し背伸びをしたら何に手が届くか・何が見えるか、ということである。背伸びをすると、今より少し高いところに手が届くし、少し遠くが見える。子どもにとって魅力的だが少し難しいことや、遠い存在だった人や物、そこに近づけるように環境を整えるのである。それによって子どもたちは、自らの可能性を高めたり、世界を広げたりすることができるのである。しかし、新しい領域に踏み出すことには緊張やおそれがともなうこともある。安心して挑戦ができるように、気持ちの面で子どもを支えることも、環境構成の大切な側面である。

Step2

演習1 自分と環境とのつながりを意識的に感じてみよう

課題

① 都市や建物の中など人工物の多い場所を散歩し、環境からどのような刺激を受けるか意識する。
② 田園地域や森林、海辺や川沿いなど人工物の少ない場所を散歩し、環境からどのような刺激を受けるか意識する（それらの場所に行くのが難しければ、校庭・園庭・大きめの公園などの場所でもよい）。
③ 環境からの刺激の受け方にどのような特徴があるかグループワークで考える。

進め方

（1）準備

ノート等を利用して、表8-1のようなワークシートを作成する。内容がどれだけになるかわからないので、余裕をもって作成すること。課題①と課題②それぞれについて、ノート1ページ分をとっておき、余白ができたら、自分の考えを書くスペースや、グループワークで得られた気づきや考察を書くスペースとして使用するとよい。

（2）方法

① ワークシートを持って歩き、何かに「気づいた」「目が止まった」「気をひかれた」「心を奪われた」「驚いた」、また、何かを「したいと思った」などといった、心が動いたといえる事例をあげていく。その事例が何を対象とするものであるか、対象にどのような性質があるか、心の動きがどのようなものかという3つの側面に分けて記入する。記入例を参考にすること。
② 記入が済んだら、以下のテーマについて考え、自分の意見を書いておく（グループワークの準備）。
　・人工物が多い場所での心の動きの特徴は？
　・人工物が少ない場所での心の動きの特徴は？
　・それらの共通点や相違点は？
　・（人工物の量と関係なく）自分が環境から受ける刺激と心の動きの特徴は？
③ 3～5人程度のグループをつくる。1人ずつ順番に、①のワークシートの内容

Step1　**Step2 プラクティス**　Step3

表8-1 ワークシートと記入の例

場所	対象	対象の性質	心の動き
①大学の廊下	掲示板に貼ってあるポスター		止まって近くで見たいと思った。内容を知りたいと思った。
	トイレから出てきた人	急に出てきた	驚いた。ぶつからないように避けようと思った。
	空気	戸が開いていて風が吹いている	寒いと感じた。
①大学の教室	すれ違った人	香水をつけている	前にもかいだことがあるにおいだと思った。
②農道	紅葉している木の葉	色がグラデーションになっている	きれいと感じた。
	飛んでいる鳥	羽ばたくときに音が鳴る	はじめて聞いた。こんな音がするのかと驚いた。
	オナモミ（植物）の実（ひっつきむし）		取って、投げて、くっつけたいと思った。
②公園	地面に落ちている枯葉	踏むと弾力がある	弾力を使ってジャンプしたいと思った。
	折れた枝	木に引っかかってぶら下がっている	引っ張って取りたいと思った。
	折れた枝（手に持った）		振り回したいと思った。

を発表する。その後、②のテーマについての各自の考えを発表する。

④　4つのテーマについて、複数の人の考えを聞いて気づいたり、わかったりしたことを話し合う。

⑤　時間や人数に応じて可能であれば、複数のグループ間で意見を発表し合う。

（3）実施上の注意点・ポイント

必ずしも課題①→課題②の順で行う必要はない。また、課題①と課題②をそれぞれまとめて行う必要もない。

授業等で演習を行う場合には、宿題として一定期間内に環境から受け取った刺激を課題①と課題②に分けながら記入しておくという方法で行うこともできる。

課題①・②は、他者と話しながら行うと、厳密（げんみつ）な意味での自分が環境から受け取った刺激ではなくなるので、注意が必要である。他者との意見交換は課題③のグループワークで行うので、課題①・②は個人で行うことが望ましい。

第8講　保育の環境の理解と構成

演習2　環境構成の楽しさと難しさを疑似体験しよう

課題

① 保育者になりきって、子どもの興味・関心・意欲を広げたり深めたりする環境を考える。
② 子どもになりきって、興味・関心・意欲のおもむくままに行動する子どもの心を想像する。

進め方

（1）準備

ノート等を利用して、表8-2のようなワークシートを作成する。一般的なサイズの付箋を用意する。

（2）方法（表8-2の実施・記入例を適宜参照すること）

① 役割決め

2人組をつくり、保育者役と子ども役を決める。

② お題の決定

子ども役がお題として、興味・関心・意欲の対象を決める（実際の保育の場では、子どもの興味・関心・意欲の対象は保育者が観察によって読み取るが、演習では便宜的に子ども役がそれを宣言する）。対象は園内に一般的に存在するものがよい。自身の幼児期の経験を反映させると考えやすい。決めたら、ワークシートに記入する。

③ 保育者役のターン

保育者役はねらいを決め、そのうえで環境をどのように構成するか決める。ねらいの設定は本来、子どもの姿や背景、中長期的な見通し、園の保育方針などを複合的に考慮して行うものである。この演習では便宜上、短期的な視野のみをもち、ⅰ心情の変化、ⅱ行動の惹起、ⅲ相互作用の維持・促進という単純化した3つのタイプのどれかを選んでねらいの核としてみよう。そして、それがどのような心情、どのような行動、どのような相互作用なのか、具体的に決める。次に、ねらいを達成するための環境構成を考える。まず大まかに、環境の要素である人・物・事のうちいずれを使うか考える。次にそれらと子ども役の間にどのようなかかわりを生じさせることで、ねらいに結びつけるかを考えよう。ねらいと

表8-2 ワークシートと記入の例──お題（興味・関心・意欲の対象）：ダンゴムシ

	保育者役				子ども役	
	ねらい		環境構成		反応	理由
	核	具体的に	要素	具体的に		
1	ⅰ	ダンゴムシ探しに興味を抱かせたい	人	子どものそばで保育者がダンゴムシを探す	保育者がやっていることに興味を示す	保育者の行動を見て刺激を受けたから
2	ⅱ	ダンゴムシをつかまえようとする行動を引き出したい	物	保育者が見つけたダンゴムシを子どもに見せる	保育者がつかまえたダンゴムシを取ろうとする	ダンゴムシを持っていることがうらやましいから
3	ⅰ	ダンゴムシを「自分でつかまえたい」と思ってほしい	事	大きな石の下にダンゴムシがたくさんいる状態を見せる	驚き、興奮してダンゴムシをつかまえようとする	好きな対象がたくさんいるのを見たから
4	ⅲ	保育者がいなくてもダンゴムシとかかわり続けてほしい	物	つかまえたダンゴムシを入れる虫かごを用意し、子どもに渡す	虫かごにダンゴムシを入れたくなり、何度もダンゴムシをつかまえる	虫かごに刺激を受けたから

注：ねらいの欄と理由の欄は付箋のサイズに合わせてつくる。

環境構成を決めたら、内容をワークシートに記入する。ねらいの部分には付箋を貼り、"子ども"に見えないようにしておく。

④　子ども役のターン

　子ども役は環境構成を読み、それに対してどのような反応（心情の変化・行動）をするか、子どもになりきって想像して決める。複数の反応が順を追って現れることもありうるし、特に反応が現れないということもありうるだろう。なぜそのような反応をするかの理由も考える。決めたらワークシートに記入する。理由の部分には付箋などで覆いをし、保育者役に見えないようにしておく。

⑤　繰り返し・交代

　子ども役の反応を受けて、保育者役は次のねらいの設定と環境構成を行う。このように、③と④のセットを5〜10回程度繰り返して行い、適当なところで終了する。その後、役割を交代して同様に行う。

⑥　振り返り

　ねらいと理由を隠していた付箋をはがし、保育者役の環境構成がねらいどおりの結果に結びついたかを確認する。そのうえで、ねらいどおりに進むために大切なことは何か、ねらいどおりに進まない原因は何かについて意見を交換する。

Step3

> 1. 環境が脳をつくる

　乳幼児期には身体を使い、感覚をはたらかせ、心を動かすことが必要である。それはなぜかというと、そうした経験が脳をつくるからである。

　脳は1000億個もの神経細胞（ニューロン）からなっている。神経細胞には情報を受信する部分（樹状突起）と、情報を送信する部分（軸索）とがあり、隣り合った無数の神経細胞はからみ合って結合し情報をやりとりしている。この情報のやりとりが、脳がはたらいているということである。そして、その結合の仕方は環境からの影響を受けて絶え間なく変化している。どのような環境で何を経験するかが、神経細胞同士の結びつき方に影響を与え、脳のはたらき方に影響を与えるということである。

　結びつきの変化は無秩序に起こるわけではなく一定の法則がある。最も強い法則は、必要とされれば結びつきが強まり、必要とされなければ結びつきは弱くなり消えるというものである（Ratey, 2001）。そして、結びつきを失った神経細胞は死んでしまう。

　神経細胞にはほかの変化も起こる。情報伝達の速度の変化である。この変化にも法則がある。それは、結びつきの変化と同様で、必要とされれば伝達が速くなるというものである。伝達を速くする方法はミエリン化と呼ばれる。神経細胞のうち、情報を送信する部分に脂肪を多く含んだ覆い（髄鞘＝ミエリン）を形成することで、伝達速度が速くなる。

　こうした変化は、神経細胞の役割ごとに、それが起こりやすい時期があるということが近年の研究でわかってきている。ある情報が入力されること、すなわち、何らかの経験をすること、それに最適な時期があるということである。これを臨界期（または感受性期）と呼ぶ。言語発達には、この臨界期があるので紹介しよう。例えば、新生児は世界中のあらゆる言語に普遍的に存在する十数種類の母音をすべて聞き分けることができるが、生後1年が経ったころには、周囲で話されている言語（母語）に含まれている母音以外は識別することが難しくなる（Werker & Tees, 1984）。すなわち、母語に含まれている母音のみが繰り返し情報として入力されることで、その情報を扱う神経細胞のはたらきが強化され、それ以外の情報（母語にない母音）を扱うはずだった神経細胞のはたらきが衰退したということである。こうした変化は生後半年から1年の間に集中して起こるため、それ以降に、母語にない母音の識別をしようとすると困難が生じるのである。

　乳幼児期には言語に限らず、臨界期が多く存在する（Ratey, 2001）。したがって、

この時期に身体感覚をともなう多様な経験をしておくことが、その後の豊かな生活の基盤となる脳を育てることになるのである。

2. アフォーダンス

　アフォーダンスという言葉は、英語の afford という単語からきている。afford には「物が人に対して何かを与える」という意味がある。この「物」という単語を「環境」に置き換えると、「環境が人に対して何かを与える」となる。何を与えるのかといえば、それは「使い道」である。ギブソン（Gibson, J. J.）はこの afford という動詞から affordance という名詞をつくった（Gibson, 1979）。すなわち、アフォーダンスとは「環境が人（動物）に対して何らかの使い道を提供する」という概念（考え方）である。アフォーダンスの考え方に基づけば、人間が環境に対してはたらきかける際に、どのようなはたらきかけが可能であるかの情報は、環境のなかにあらかじめ用意されている。環境の使い道に関する情報が環境の側から提供されているということである。人間がすることは、環境を探索してその情報を発見することである。したがって、同じ環境でも違う人が探索すれば、発見する情報が異なり、結果として環境に対するはたらきかけ方が異なることになる。また、一人の人間の生涯においても、何を探索し、何を発見するかは変容し続ける（佐々木, 1994）。

　子どもたちが環境と相互作用する場合を考えてみよう。例えば、寒い冬の朝に園庭にできた氷は、さまざまな使い道（かかわり方）についての情報を提供している。触れる、持つ、透かして見る、なめる、かじる、食べる、落とす、投げる、割る、砕く、削る、水につける、泥の中に入れる、砂をまぶす、火にかける、などなど。ほかにも氷が提供している使い道についての情報は数多くあるだろう。どのような情報を探索して発見するかは、過去に氷とどのようにかかわったか、氷以外の物とどのようなかかわり方をしてきたか、その子どもが何を楽しい・おもしろいと感じるかといった要因に影響される。たった１つの氷が多様なかかわり方を許容し、そのかかわり方によって異なる変化をみせる。そこから感じられることや得られるものもさまざまだろう。そうして、その経験が次にほかの物（環境）とかかわる際に影響を及ぼす。

　多様な環境と多彩なかかわりをするなかで、子どもたちは世界を知っていく。それをしっかりと保障することが、保育者の重要な役割の１つである。

引用文献

- Gibson, J. J., *The Ecological Approach to Visual Perception*, Houghton Mifflin Company, 1979.（ギブソン, J. J., 古崎敬ほか共訳『生態学的視覚論 ヒトの知覚世界を探る』サイエンス社, 1985.）
- 厚生労働省『保育所保育指針』2017.
- Ratey, J. J., *A User's Guide to the Brain*, Pantheon Books, 2001.（レイティ, J. J., 堀千恵子訳『脳のはたらきのすべてがわかる本』角川書店, 2002.）
- 佐々木正人『アフォーダンス――新しい認知の理論』岩波書店, 1994.
- Werker, J. F. & Tees, R. C., 'Cross-language speech perception : Evidence for perceptual reorganization during the first year of life', *Infant Behavior and Development*, 7, pp.49-63, 1984.

第 9 講

環境の変化や移行

　本講では、乳幼児にとっての環境の変化と移行について学んでいく。Step1 では、乳幼児が経験する環境の変化や移行、子どもの適応に影響する要因や必要となる援助などについて学んでいく。Step2 では、環境の変化にともなう心の動きなどを具体的に考える。Step3 では、子どもの環境の変化や移行に際する保護者の心理や役割、保護者に対してどのような援助が必要であるかについても学んでいく。

Step 1

1. 環境の変化や移行とは

　家庭から保育所等への入園、保育所等から小学校への入学、その後の中学校や高等学校など別の学校への進学等、子どもたちは成長の過程においてさまざまな環境変化を体験し、新しい環境に適応していく。人生の各段階で、これまで体験してきたものとは異なる新しい環境と出会うことを「環境の変化」といい、その環境の変化に適応するまでの過程を「環境の移行」という。ここでいう適応とは「子どもと環境との相互作用により、子どもが心理的な安定を得ながら、環境との適切な関係を構築すること」(真嶋ら, 2017) を意味する。

　環境の変化に際し、子どもたちはさまざまな人々との出会いをはじめ、これまで経験してこなかった新たな体験を得ることになる。そうした未知との遭遇は、子どもたちに新しい知識や感覚・感情などをもたらし、子どもの世界が広がるというプラスの意味をもっている。その一方で、それまで慣れ親しんだ場所を離れ、まったく見ず知らずの環境に身をおくことから不安やストレスが生じ、泣いたり、行動をしぶったりするなど、マイナスの体験をすることもある。保育者はこうした環境の変化や移行における両義性を念頭において子どもたちとかかわりをもつことが求められる。

　環境の変化や移行の際の影響は、そのときだけのものではなくその後の発達にも影響を及ぼす可能性がある。エリクソン（Erikson, 1950）は、発達における危機（crisis）という概念を提唱しているが、子どもにとっての環境の変化や移行は、まさしく危機であるといえる。エリクソンは、人の一生を 8 つの発達段階に分け、それぞれの発達段階には成長や健康に向かうプラスの力と、衰退や病理に向かうマイナスの力が競合しており、その両者の関係性が人の発達に大きく影響を及ぼすと仮定している。危機に適切に対処して乗り越えることができれば大きな成長につながるが、うまく適応できないと発達の停滞を招くとされる。移行の時期は大きな発達の節目に相当するため、子どもの発達をていねいに見守り、適応に向けた支援を行うことが重要となってくる。

　そもそも適応状態とは環境に適切なはたらきかけができ、環境から自分にとって肯定的な反応や意味が与えられて、結果としては、情緒的に安定し、有能感をもつ状態のことをいう。こうした状態は、保育実践において養護の「情緒の安定」にもかかわることであり、保育者の適切な援助のもと、情緒的に安定した園生活を送ることで、養護と教育が一体となった営みが充実していくのである。

Step1 レクチャー

2. さまざまな環境の変化や移行の場面

　乳幼児期の子どもたちが経験することの多い環境の変化や移行の例には、保育所等への入園、新しいクラスへの進級、卒園後の就学などがある。子ども・子育て支援新制度の施行以降、地域型保育事業所から保育所等へ移るケースもあり、子どもたちは多様な環境の変化や移行に直面しているといえる。小学校への移行については第15講に譲るが、ここでは代表的な環境の変化や移行の場面を紹介する。

入園

　子どもにとって最も大きな環境の変化は、保育所等への入園である。保育所等への入園の時期は、幼稚園教育のはじまる3歳児のころに1つのピークがあるが、近年では3歳未満からの入園も多くなっている。入園の時期にかかわらず、子どもたちはそれまでに慣れ親しんだ家と家族から離れ、慣れない場所で見知らぬ保育者や友だち等と一緒に生活することになり、大きな不安を抱えているといえる。幼稚園に入園した3歳児および4歳児の母親に調査した塩崎（2005）によれば、入園当初から泣かずに元気に登園できた子どもは50％いたものの、大泣きをして登園を嫌がることが2日以上続いた子どもが19％、泣きはしないものの登園前にぐずりや強い不安、緊張を示したり、帰宅後に甘えが強くなったりした子どもが31％と、半数の子どもで不安がみられている。また、幼稚園のクラス担任に調査した大野（2010）によれば、3歳児クラスの1学期末の時点でも約半数の子どもがクラスになじむことに困難を示していたという結果もある。

　こうした入園にともなう子どもの不安な思いを理解して、徐々に保育室の環境になじんでいけるよう、保育者は、積極的に援助することが大切である。保育所保育指針「第2章　保育の内容」の「4　保育の実施に関して留意すべき事項」の「(1)保育全般に関わる配慮事項」においても、「エ　子どもの入所時の保育に当たっては、できるだけ個別的に対応し、子どもが安定感を得て、次第に保育所の生活になじんでいくようにするとともに、既に入所している子どもに不安や動揺を与えないようにすること」と入所時の留意すべき事項が記載されている。

進級・クラス替え

　多くの保育園等では、年度が替わると、クラス名や保育室の場所などさまざまな環境が変化する。担任の保育者が替わることもあるし、園によってはクラス替えが行われてクラスメートが替わることもある。進級にともなう変化は物的な環境の変

第9講　環境の変化や移行

化だけではなく、園のなかでの立場という心理的な環境も変化する。どの年齢の子どもであっても今までより「お兄さん・お姉さん」になり、特に年長児の場合、園のなかでの「一番上のお兄さん・お姉さん」という立場になる。子どもたち自身もそのことを強く意識するし、保育者もそれを期待するようなはたらきかけをする。こうした環境の変化にともなって、子どもたちはより大きく成長していく。

　園児数の多い園ではクラス替えが行われることもあるが、クラス替えが行われると、今までの担任やクラスメートと離れることとなり、入園時ほどではないものの、大きな環境変化となる。大野（2010）は、幼稚園児が入園し年中児になってクラス替えに至る過程を検討した結果、クラス替え時に担任が替わった場合のほうが新しいクラスになじみにくい子どもが多いこと、クラス替えが行われて新しいクラスになじんでくるとそれまでの友だち関係よりも新しいクラスの友だちとの関係が中心となることなどを示している。クラス替えの際は、前年の子どもの成長や友だち関係、クラスの男女比、月齢などを考慮してクラス編成をすることが重要である。

予期しない環境の変化や移行

　保護者の勤務先の異動や離婚等により引っ越しをすることになると、子どもは別の保育所等に転園することになる。保護者の事情以外にも、園舎の修繕工事や災害への被災などにより、保育環境が大きく変わることなどもある。大野（1998）は、クラス集団がすでに形成されているところに転園してきた子どもを観察し、転園当初はひとり遊びが多いことを観察しているが、入園やクラス替えとは異なった支援が求められる。特に保護者の事情による転園の場合は、家庭環境そのものも大きく変化している可能性があり、その意味でもより多くの支援が必要と考えられる。

3. 環境の変化や移行に影響する要因

　環境の変化や移行に際して、子どもたちが適応していくためには、さまざまな要因が影響を及ぼし合っている。七木田ら（2010）は、子どもが保育所等に適応する過程のなかで影響を与える要因として「保育者」「基本的生活習慣」「遊び」をあげている。

保育者

　入園当初、登園に不安を覚える子どもも、保育者との信頼関係が構築されることで、入園後の環境への適応がうながされるといわれている。子どもの園における情

Step1 レクチャー

緒の安定には、人的環境である保育者との関係構築が密接にかかわっており、子どもは保育者から信頼感や安心感を得ることによって、子ども自身の居場所を見つけ、周囲の環境に少しずつかかわることで、環境に適応していくのである。新しい環境とかかわる際に、保育者は子どもにとってのいわば安全基地として重要な役割を果たし、さまざまなかかわりを通じて子どもの適応をうながすことができる。特に乳児においては、子どもと保育者との愛着（アタッチメント）の形成がきわめて重要となる。そのため、保育所の乳児クラスでは、愛着を重視した担当制保育が実践されているところもある。

基本的生活習慣

保育所等に入園し、集団生活を送ることになると、それまで親がやってくれていたことを自分で行うことが多くなる。もしも、こうした身辺の自立ができていないと、園での生活は困難をともなうことが多くなり、不適応を引き起こす可能性が増大する。それゆえ、さまざまな生活習慣を獲得できているかどうかは、環境の変化や移行における適応において重要な要因となる。規則的な生活リズムも重要である。就寝時刻が遅い子どもは、結果的に朝なかなか起きることができず、朝の機嫌が悪くなり登園しぶりにつながることもある。登園時間に合わせた就寝・起床時刻を設定し、規則的な生活リズムを形成していくことが、環境の変化や移行へのスムーズな適応につながることも多い。園と家庭とが連携をとりながら、基本的生活習慣の自立に向けて援助を行っていくことが重要といえる。

遊び

子どもにとって遊びは、周囲の環境に対する意識を育む重要な体験といわれており、遊びの経験から、さまざまな学びや社会的スキルを獲得することができる。身に着けたスキル等を活用することで新しい環境との相互作用を可能にしながら適応していくのである。特に、子ども自身が遊びを楽しいものととらえられるかどうかは重要である。遊びが楽しくてもう一度やりたいと思えることで、子どもたちは新たな環境や活動に移行していくことができる。このことから、遊びも環境の変化や移行に影響する1つの要因であるといえる。

以上のとおり、子どもの適応という観点から保育者の援助を考えると、保育者自身が信頼関係を築くことや保育者が家庭と基本的生活習慣の自立について連携をとること、さらには、保育者が子どもの遊びを通した豊かな体験を保障することなどのポイントを意識しながら、保育実践に臨むことが求められる。

Step 2

> **演習 1** 自分自身が環境の変化に直面したときのことを思い出し、感じたことやそのときにとった行動等を整理しよう

課題

　環境の変化や移行は、幼児期に限らず、一生を通じてさまざまな場面で生じており、だれしもが多くの体験をしている。自分自身のこれまでの人生や現在の生活を振り返るなかで、大きな環境の変化や移行をともなう体験を振り返るなかで、どのような環境の変化や移行があるかを理解する。

進め方

（1）準備するもの

　表9-1のような作業シートを準備する。作業シートには、どのような環境の変化があったかを記載する状況欄と、そのときにどのような感情をもったかを記載する感情欄、そのときに自分がどのような行動をとったかを記載する対応欄、そのときに周囲からどのような支援があったかを記載する支援欄を設ける。

（2）方法

① 各自で自分の現在の生活を振り返り、大きな環境の変化や移行をともなう体験を表9-1のようにまとめていく。できるだけ詳細にそのときのことを思い返し、そのときの自分の感情や行動、周囲からの支援などを書き出す。支援欄には、実際にあった支援だけではなく、このような支援があればよかったと思うようなことがあれば、括弧書きなどで書き加えてもよい。

② 現在の生活を一とおり振り返り終わったら、過去にさかのぼって自分の人生にみられた環境の変化や移行の体験を同様に表9-1にまとめていく。記憶のあるかぎり幼かったころのことまで振り返ることができるとよい。

③ 数人でグループをつくり、①②で自分のまとめた体験を、可能な範囲で互いに紹介し合う。

④ 互いに紹介し合った内容をもとに、体験等にどのような共通性があるか、グループで話し合う。また、それぞれの状況でどのような支援が望ましいかなどについてもグループで話し合えるとよい。

Step2 プラクティス

表9-1 自身の環境の変化や移行を振り返るための作業シート例

状況	そのときの感情	自分がとった行動	周囲からの支援
大学への入学	・勉強についていけるか不安 ・新しい友人ができるか不安 ・ ・ ・	・入学式で配布された資料を何度も読み返す ・周囲の人が話していると、そばで聞き耳を立てる ・ ・	・大学での勉強の仕方についてのガイダンス ・ ・ ・ ・
サークルに入会			
アルバイトをはじめる			

演習2　環境の変化を経験する子どもの心の動きを考え、その子どもへの援助として具体的に何ができるか考えてみよう

課題

　実際の保育場面で、どのような環境の変化や移行があるかを考え、その際に子どもがどのような気持ちになるかを考える。また、そうした子どもの心の動きに対して、保育者はどのような援助をすることができるかを考える。

進め方

（1）準備するもの

　表9-2のような作業シートを準備する。作業シートには、どのような環境の変化が考えられるかを記載する状況欄と、そのときの子どもの気持ちを考えて記載する感情欄、子どもがとると思われる行動を記載する行動欄、保育者としてどのようなかかわりが考えられるかを記載する援助欄を設ける。

（2）方法

① 保育場面で想定される環境の変化や移行の場面として、どのような場面があるかを考え、グループで話し合う。話し合われた場面のなかからいくつかの場面を取り上げ、②以降の作業をするための場面としてグループで設定する。それを表9-2のような作業シートの状況欄に書き入れる（あらかじめ教員がいくつかの場面を指定してもよい）。

② 各自で、それぞれの場面において、子どもがどのような気持ちでいるか、どのような行動をとるかを考え、そのときに保育者としてどのような援助ができるかを考える。保育者の援助については、表9-3も参考にするとよい。各自で考えた内容を表9-2のようにまとめていく。

③ 再びグループになり、②で各自考えた内容を互いに紹介し合う。

④ 状況によって、子どもの気持ちや行動にどのような共通点と相違点があるか、どのような援助が望ましいかなどについてグループで話し合えるとよい。保育者の援助の結果、子どもがどのような気持ちになるかについても話し合えるとよい。

Step2 プラクティス

表9-2 子どもの環境の変化や移行を検討するための作業シート例

状況	子どもの感情	子どもの行動	保育者の支援
3歳児での入園	・お母さんと離れたくない ・何が起こるかわからずに不安 ・ ・	・お母さんの手をぎゅっと握って離さない ・何も言わずじーっと前を見ている ・ ・	・「お母さん、遠くで見てくれるよ」と優しく声かけ ・子どもの興味を引く楽しい壁面装飾 ・ ・
1歳児での入園			
4歳児クラスから5歳児クラスへの進級			
小規模保育所からの転園			

表9-3 保育者の保育実践における具体的な援助の種類

直接的援助	言葉かけ（共感・励まし・指示など）、一緒に遊ぶ、手助け（技能面） など
間接的援助	見守る（待つ）、モデルとして動く、周囲へのはたらきかけ、雰囲気づくり（クラス）、環境構成（再構成） など

Step 3

> 環境の変化や移行と保護者

環境の変化や移行にともなう保護者の不安

　環境の変化や移行は、子どもにとって不安を引き起こすと同時に保護者にも不安を引き起こす。一方で親にとっても環境移行であり、分離不安を示すともいえる。藤崎（2013）による幼稚園の保護者を対象とした入園から卒園までの3年間にわたる縦断的な調査では、入園まもない3歳児クラスの1学期には、心配なことがあると回答した親が56.3％と半数を超えており、心配の内容も友だち関係や登園しぶりに関するものが多かった。その後、3歳児クラスが終わるころには心配があるという親は15.1％まで減少するものの、クラス替えや担任替えが行われた4歳児クラスの1学期には再び心配をする親が39.3％まで増え、その心配内容として友だち関係やクラス替えの戸惑い、先生へのとまどいなどが多くみられた。これらの結果は、入園やクラス替えなどの子どもの環境変化にともない、親も大きな不安をかかえていることを示している。

　環境の変化や移行時における親の不安は、子どもの新生活への適応の様子によって異なる。藤崎（2011）は、入園後の1週間、子どもの様子とそれに対する保護者の対応や感想などを保護者に日誌形式で記述してもらい、子どもの様子と親の反応の関連を分析している。その結果、登園時も降園時もにこにこしている子どもの親よりも、降園時はにこにこしているが登園時には大泣きする子どもの親のほうが、子どもの行動や発話についての親による記述が多く、感情についても安心な感情とともに心配な感情にかかわる記述も多いという結果がみられるなど、子どもの様子と親の反応とが関連していることが示されている。

　親自身の移行体験の有無によっても、親の不安は異なる。前述の藤崎（2011）において、子どもが登園時も降園時もにこにこしている場合であっても、記述対象の子どもが第二子以降で兄や姉がいる親の場合には安心感情のみを記述することが多いのに対して、兄姉がいない第一子の親の場合には安心とともに心配な感情も記述することが多いことが示された。親自身が移行を初めて体験する場合、子どもの様子とは独立して親側が不安を抱くことも示唆された。

環境の変化や移行に対する保護者のかかわり

　保護者は子どもの環境の変化と移行の際に、重要な役割を果たし、環境の変化や移行にも影響を与える。例えば、Step 1 で先述した基本的な生活習慣の確立につ

いても、園だけでなく家庭での生活も含めた生活習慣の獲得が求められる以上、保護者の協力いかんによってその難易度は大きく変化する。すなわち、子どもが新しい環境に移行・適応するにあたっては、保護者との協力体制を構築することが大切であるといえる。

坂上・金丸（2017）は、子どもが園生活に慣れていくまでの期間を母親がどのように支えているのかを、幼稚園に入園した3歳児の母親の回顧的な語りから検討している。その結果、子どもの入園という移行体験に際しての母親の経験にはある程度の共通性があり、子どもが園生活に慣れるまでの期間を母親が支える過程は、大きく4期に分けられることが示された。まず、母親は入園前に、園のプレスクールや園庭開放などに通い、園生活のイメージづくりにつながる経験を子どもにさせていた（Ⅰ期）。次に、入園当初、登園をぐずったり抵抗を示したりする子どもに対して、園での様子が気がかりではあるものの、家では子どもに園での様子を聞かないで子どもの甘えに応じたり好きなことをさせたりするなど、子どもがリラックスできるように心がけていた（Ⅱ期）。その後、園での子どもの様子を知りたいが知りえないジレンマを、子どもに関する情報の共有が園との間で行われることで徐々に解消し（Ⅲ期）、最終的に、子どもが家庭で、園での出来事を話したり園での遊びを再現したりするなど、園での様子がみえるふるまいを示すようになることで、母親は子どもが園に慣れた実感をもつに至る（Ⅳ期）。園と家庭の間でどのようにして子どもに関する情報を共有がなされるかは、園ごと保育者ごとに違いがあり、そのことが母親の行動に影響している可能性があることも示唆している。

環境の変化や移行の際の保護者への支援

前述の藤崎（2013）の調査によれば、心配なことがあった際の保護者の対応として最も多かったのは、園の先生に相談したという回答や、保育参観・行事のときの子どもの様子に注目したという回答であった。一方で、坂上・金丸（2017）においては、保育者への相談のしづらさから、子どもの様子を保育者に訊いたり伝えたりすることを躊躇する保護者もみられた。

子どもの環境の変化や移行にあたっては、保護者の協力は不可欠であるが、適切な情報をもっていなければ保護者は不安を感じるし、保護者が不安を感じている状態では、保護者が適切に子どもにかかわることは難しい。子どもの環境の変化や移行にあたっては、子どもへの援助のみならず、保護者への援助をも同時に考えながら、スムーズな移行ができるように家庭と連携をとり、さらに園全体で職員間の連携をとりながら、取り組むことが必要である。

引用文献

- Erikson, E.H., *Childhood and Society*, Norton, 1950.（仁科弥生訳『幼児期と社会 1・2』みすず書房, 1977./1980.）
- 藤崎春代「幼稚園入園当初の 3 歳児の様子と親の反応との関連──親が記述した日誌からの検討」『昭和女子大学生活心理研究所紀要』第13号, pp.1〜11, 2011.
- 藤崎春代「子どもが家庭に持ち込む園生活が親に与える影響」『昭和女子大学生活心理研究所紀要』第15号, pp.33〜44, 2013.
- 柏女霊峰・有村大士・板倉孝枝・橋本真紀・伊藤嘉余子・西村真実・小清水奈央・山川美恵子・高山静子・天野珠路「児童福祉施設における保育士の保育相談支援（保育指導）技術の体系化に関する研究」「保育所保育士の技術の把握と施設保育士の保護者支援」『日本子ども家庭総合研究所紀要』第46号, pp.31〜84, 2010.
- 厚生労働省編『保育所保育指針解説書』p.17, pp.328〜329, 2018.
- 真嶋梨江・岡山万里・高橋敏之・西山修「幼児の園への適応とその支援に関する文献展望」『岡山大学教師教育開発センター紀要』第 7 号, pp.41〜50, 2017.
- 七木田敦・林よし恵・松本信吾・久原有貴・日切慶子・藤橋智子・正田るり子・菅田直江・田中恵子・落合さゆり・真鍋健・金子嘉秀「発達に課題のある幼児の幼稚園適応に関する実践的研究──適応過程とその関連要因の検討を中心に」『広島大学学部・附属学校共同研究機構研究紀要』第39号, pp.45〜50, 2010.
- 大野和男「転入児における仲間関係の形成過程」『東京都立大学心理学研究』第 8 号, pp.1〜 8, 1998.
- 大野和男「入園からクラス替えに至る幼稚園児の様子──保育者の視点から見たクラスに「なじむ」ことと子どもの発達」『松本短期大学研究紀要』第19号, pp.3〜14, 2010.
- 坂上裕子・金丸智美「子どもの幼稚園入園という移行体験を母親はどう支えているのか」『保育学研究』第55巻第 3 号, pp.21〜32, 2017.
- 塩崎尚美「母親の子どもに対する分離不安の変化と成人期発達」『相模女子大学紀要 A 人文・社会系』第69号, pp.61〜72, 2005.
- 高濱裕子・渡辺利子「家庭から就学前施設への環境移行──幼稚園入園をひかえた子どもを持つ親の関心」『お茶の水女子大学人文科学研究』第 6 巻, pp.95〜106, 2010.
- 横山真貴子・長谷川かおり・竹内範子・堀越紀香「幼稚園の 4 歳児クラスにおける環境構成と保育者の援助のあり方──新入児と進級児の環境移行に着目して」『奈良教育大学教育実践開発研究センター研究紀要』第21号, pp.45〜54, 2012.

第10講

子ども理解のための観察・記録と省察・評価

保育を進めるうえで、保育者が一人ひとりの子どもを理解することは必要不可欠である。本講では、まずStep1で子どもを理解する際に重要となる視点を紹介し、Step2では演習を通して、観察や記録の方法、発達検査の活用方法を具体的に説明する。そして、Step3では子ども理解を土台とした保育実践における、省察や評価の役割について解説する。

Step 1

1. 保育における「子ども理解」とは

　保育者は、子どもに何かを教えて、それができるようにすることに留意するのではなく、それぞれの子どもの心身の発達状態や思いや感情に気づき、受け止め、個々の子どもたちの発達にとってどのような援助が必要かを見定め、実際に援助していくことが職務であり、子どもを理解することが保育の出発点となる。

子どもを理解するときの重要な視点

（1）子どもの発達様相と個々の発達の道筋の把握

　2、3歳のころになると、子どもたちは「このおもちゃを使いたい」「それは嫌だ」「今、こうしたい」など、自己主張が激しくなる。このような行動をわがままと感じる人もいるかもしれないが、2、3歳ごろの子どもにみられる強い自己主張行動は、自我が芽生え、自分の気持ちを表現できるようになった発達の証ととらえることも必要である。発達とは、人が一生を通して連続的に進行する変化の過程のことであり、一定の決まった順序で進行していく。例えば、運動発達は、生後直後から手足をバタバタ動かす→2、3か月ごろには首を動かす→5、6か月ごろにはお座りをする→7、8か月ごろには、はいはいをする→9、10か月ごろにはつかまり立ちをする→11、12か月ごろには一人で立つ、といった順序に進んでいくことが一般的である。保育者がこのような運動発達のイメージをもっていれば、どういうことに取り組めばその子どもに合った遊びや生活の援助となるかを考えることができるだろう。

　乳幼児期は、心身の発達の個人差が非常に大きい。保育者は、一般的な子どもの発達の流れを念頭におきながら、発達の道筋は多様であり、すべての面で平均的な発達を示す子どもというのはあまりいないことに留意したい。もちろん、何らかの理由で発達にアンバランスが生じている場合は障害である可能性もあり、そうであれば、早い年齢で適切な支援を提供することが、日常生活での支障や将来への不安を軽減することになる。個人差なのか障害なのか、時間をかけて発達の進み具合をみていくことが重要である。

（2）子どもの気質への留意

　実習初日によくあることだが、実習生が子どもたちにあいさつをしたときに、あいさつをしてくれる子どももいれば、声を出さずじっと見つめる子ども、抱きついてくる子ども、キックしてくる子ども等もいて、その行動はさまざまである。そうした行動には、子どもが生来もっている刺激への反応傾向（気質）が関係している

Step1 レクチャー

ことがある。トマスとチェス（Thomas & Chess, 1968）によれば、気質には「活動性」「生物的機能の周期性」「新奇刺激への接近・回避」「順応性」「反応の閾値」「反応の強さ」「気分の質」「散漫性」「注意の幅と持続性」があり、刺激に対する敏感さや鈍感さ、人に対する社交性や不安感、行動の活発性や非活発性といった形で表現されることが多い。実習生にキックしてきた子どもは、新しい刺激（実習生）への関心は高いものの、とまどう気持ちが強く、順応性は低かったのかもしれない。

（3）非言語的行動から子どもの気持ち、興味・関心を読み取ること

「貸して」「いいよ」、「貸して」「だめよ」。大人は子どもたちに「自分の気持ちを言葉で言えるといいね」と話すことが多いが、年齢が低いほど、自分の気持ちを言葉で表現することは難しい。たとえ言葉で表現できたとしても、本当の気持ちとは限らないこともある。大人でも、暗い低いトーンで「いいよ」と答えることはある。子どもの気持ちを理解しようとするとき、実際に子どもが発した言葉だけでなく、非言語的行動（表情、姿勢、声のトーン、手や足の動き、間のとり方）に着目しながら、子どもの気持ちを読み取ることは非常に大切である。

（4）集団のなかでの個の育ちの把握

集団で生活する保育の場では、他児の存在や他児との関係は重要であり、子どもたちがかかわり合うことで各々に何が育っているのかを、関係論的にとらえていく視点が欠かせない（利根川, 2013）。子どもは、保育者との信頼関係を土台に安心して園生活を送れるようになると、遊びや友だちに気持ちが向いていく。すると、気の合うもの同士、好きな遊びが同じもの同士、住まいや生活の場を拠点としながら仲間関係が生じる（今井, 1992）。保育者は、このような仲間集団のなかでの一人ひとりをみることにより、その子どもの興味や関心を理解し、またそこから育つものを予測する。仲間関係を把握し、仲間との遊び場面に着目することは、子ども理解の視点として重要である。

2. 子どもを理解する方法

ただ子どもをみていても、子どもを理解することは難しい。では、どのようにすればいいのだろうか。本講では、保育現場でよく使われる観察法と発達検査について紹介する。

着眼点をもちながら、子どもを理解する

子どもを理解する最も基本的な方法は、子どもとかかわりながら、着眼点をもっ

て観察することである。保育者は、日々、全体の保育の流れ（登園、自由遊び、設定遊び、昼食、午睡、降園等）にそって、複数の子どもたちを同時に保育しながら、生活の様子、保育者やほかの子どもとかかわる様子、その子が興味をもっていることなど、いくつかの着眼点に基づき、子ども一人ひとりを観察している。

また、仲間単位やクラス全体の把握にも留意している。年度当初の４月は特に、子どもたちが好む遊びは何なのか、子ども同士のつながりはどうか、クラスメート間で発達差が大きいかどうかなどに気を配る。日々の保育においては、クラス全体が元気で活発であるか、疲れている子どもが多くないか、皆が何に関心をもっているか等に着目することが多い。

観察や記録を通じた子ども理解

従来、観察や記録では、実践者の主観を交えず、できるだけ客観的な事実を描くことが重視されてきた。しかし、保育は、子どもと保育者が相互に関係をもちながら展開する営みであり、保育者の思いや、子どもの表情や行動をもとに保育者が推測した子どもの思いも重要である。近年、子どもや保育者がどのように感じているかといった主観を大事にしながら、そして、客観性も担保しながら、保育を観察・記録し、話し合うことが、子ども理解を広げ、保育実践を豊かにすることにつながると考えられている。

保育実践を深めていくための観察や記録の方法には、「エピソード記述法」「ドキュメンテーション（実践記録）」「ラーニング・ストーリー（学びの履歴としての記録）」などさまざまなものが提案されている。

「エピソード記述法」は、保育者の心に残った子どもとの日常の１シーンを描き出すものである。一日の保育の経過を中心に記録される保育日誌とは異なっており、保育者自身が心動かされた体験について、保育者自身が子どもをどのように理解し、そしてはたらきかけ、子どもはどのように反応していたかを描く。鯨岡（2005）によれば、エピソード記述は保育者自身が心揺さぶられた場面に気づくということがまず重要であり、保育者自身が感じた感動を読み手に伝えるために必要な情報を整理していく。最終的には、＜エピソードの背景＞＜エピソード＞＜考察＞の３段階から構成されることが一般的である。

「ドキュメンテーション（実践記録）」とは、イタリアのレッジョ・エミリア市を発祥とした幼児教育実践方法である。保育者は、子どもたちの活動の経過を、写真や映像、スケッチ、子どもたちの作成した作品、保育者による子どもたちの活動の説明コメントを交えて教室や廊下の掲示板に展示し、子ども、保育者、保護者に

子どもたちの活動の経過を伝える。子どもたちの活動の経過の可視化は、保育者と保護者と子どもが情報を共有しやすくなるだけでなく、次の保育のきっかけにもなる。

「ラーニング・ストーリー（学びの履歴としての記録）」とは、ニュージーランドの多くの乳幼児施設で用いられている観察記録である。保育者が、子どもの日々の様子を写真や文章などでの目に見える形で記載し、子どもの育ちを保育者が自分の視点で語る方法である。保育者は、「できる／できない」や「おそい／はやい」などの判断はせず、「興味をもっていること」「夢中になっていること」「チャレンジしていること」「気持ちを表現していること」「役割を果たしていること」の5つの視点から記述を行い、子どもの興味や気持ちに目を向け、子どもの育ちの姿を肯定的にとらえる方法である。

発達検査を通じて、子どもの発達をとらえる

子どもの発達状況を客観的に把握したい場合や詳しく理解したい場合、また、保育場面での観察ではとらえにくい発達上の問題を探りたい場合に、個々の子どもに発達検査を実施したり、親や保育者を対象に質問紙による発達調査を行ったりすることがある。結果から、子どもの発達全般の傾向や、認知、言語、社会性、運動等の傾向を知ることができるので、発達検査結果を心身に障害をもつ子どもや広汎性発達障害児もしくは傾向がある子どもの理解や支援を検討する際の資料として使用することも多い。

個々の子どもへの発達検査として、WPPSI（幼児用）、WISC-Ⅳ（児童生徒用）、田中ビネー知能検査V、新版K式発達検査2001、K-ABC心理・教育アセスメントバッテリーなどがある。検査は、子どもに月齢に見合った課題（積み木、絵カード、文字カード、おもちゃ）を示し、課題の遂行結果や課題を行う様子（どのように課題に取り組んだか、言葉での教示を理解しているか）を観察することによって、子どもの能力の水準を把握する。検査によって把握できる側面は違うので、子どもの何を把握したいかによって使用する検査は異なる。

親や保育者を対象とした質問紙による発達調査には、「遠城寺式乳幼児分析的発達検査」や「KIDS乳幼児発達スケール」などがある。検査方法は、検査者が行動の発達レベルを、検査者の観察によってチェックしたり、その子どもをよく知る養育者や大人からの聞き取りをもとに結果を整理したり、親もしくは保育者が子どもの日ごろの様子を思い浮かべながら質問項目に回答する。子どもに負担なく、子どもの状態に左右されることがないが、検査者や養育者の子どもの見方や質問文の解釈の違いが結果に影響してしまうこともある。

Step2

> **演習1** 子どもの姿から子どもの発達状況や子どもの気持ち、興味・関心を予測しよう

課題

① 子どもの観察を通じて、子どもの発達状況や内面を推測する。
② 子ども理解を深めるために、子どもの行動、言葉、しぐさ、表情などの具体的な事実内容と、事実内容に基づいた解釈（発達状況や内面の予測）を分けて考える。

進め方1

（1）準備するもの

保育場面を記録したDVDと記録用紙（**表10-1**）。

・DVDの例
　・文部科学省幼児教育課監修『幼児とのかかわりを考えるシリーズ』全3巻（A～C），岩波映像
　・神長美津子・小田豊解説・監修『3年間の保育記録 第1巻 3歳児前半・3歳児後半』岩波映像
　・神長美津子・小田豊解説・監修『3年間の保育記録 第2巻 4歳児・5歳児』岩波映像
　・保育・子育て総合研究機構研究企画委員会『保育の実践を高めるための試み ワークブック1／改訂版 保育園における「子どもの育ちと学びの分かち合い」への招き』全国私立保育連盟

（2）方法

映像作品のなかで、あらかじめ1つのエピソードを選んでおく。

① 記録用紙の左半分に、子どもの行動や発言など具体的事実を書き、右半分に事実に基づいて考えたことや考察を記録する。
② 具体的な事実はだれが見ても同じであり、記録者によって内容が変わることはない。一方、事実に基づいて考えたことや考察部分では、何を根拠にそう思うのかを書くことが大事であり、考察内容は記録者によって異なる。考察内容は、1つの正答があるわけではないので、複数案考えられることが望ましい。
③ 記録後、記入した用紙を周りの人と見せ合う。

Step2 プラクティス

表10-1 記録用紙の例

①具体的な事実 いつ、どこで、だれが（年齢・性別）、どのようなことをしたか（行動、言葉、しぐさ、表情）	②事実内容に基づいて考えたこと・考察 （子どもの発達状況や内面の予測）

進め方 2

エピソード記録から、子どもの発達状況を読み取る。

方法

事例を読んで、以下の2点について考える。

① 保育場面は、子ども、保育者、活動内容から成り立っている。それらの関連性をとらえつつ、着眼点をもちながら、A君の発達状況や内面を推測してみよう。

② 保育者は、何を大事にしながら、保育を進めようとしているかを考えよう。

事例

A君は、4月に保育所に入所してきたもうすぐ4歳の男の子です。入所前から、月に複数回、保育所に隣接した子育て支援センターに親子で来ていました。担任保育士は、支援センターの保育者から、A君は大人のかたわらでおもちゃに集中して遊ぶことが多く、おとなしい子どもと遊ぶときには、ペースを乱されないので落ち着いているが、自己主張が強い子どもと一緒だと、やりとりがうまくいかず手が出てしまうことがあることを聞いていた。

保育所にも少し慣れた6月ころのことである。A君は、保育所のブロックコーナーで遊ぶのが毎日の日課であった。ある日、A君がブロックコーナーで、緑と青のブロックを集めて怪獣をつくっていた。青のブロックがあと1、2個必要だったようで、周りをきょろきょろ見ながら、青のブロックを探していた。その近くで、電車をつくっていたB君が青のブロックを取ろうとしていた。それを見たA君は、「青のブロックあった」といいながら、B君のそばにあった青のブロックを取ろうとした。B君は「やめろお」と大きな声を出し、2人でブロックの取り合いになった。

B君の大きな声を聞き、近くにいた保育者がかけつけ、2人の間に入り、A君の思いとB君の思いをそれぞれ聞いた。保育者はA君の「青のブロックは自分が見つけた」という気持ちを受け止めたうえで、B君も同じ気持ちであったことを伝え、少し待つ方法や保育者に助けを求める方法もあることを伝えた。

進め方3

　子どもの発達を推測するには、発達の知識が現実の子どもたちと結びついている必要がある。そのためには、実習園や付属園といった特定の場面ではなく、日々の生活を送るなかで、子どもの発達について考える機会も必要である。

方法

　買い物先や通学途中で見かけた子どもたちや、ボランティア活動等で出会った子どもたちに関するエピソードを記録する。

　記録する方法は、進め方1と同じだが、見た場面が人により異なるため、その場にいない人でも具体的にイメージできる記載内容であることを意識する。

演習2　心理検査の結果をもとに、子どもの発達状況を理解しよう

課題

　子どもの発達状態の見立てが難しい場合や自信をもてない場合、発達検査を通じて、子どもの得意な領域や不得意な領域、領域間のバランスを知ることは、子ども理解の一助となる。本演習では、発達検査を通じて明らかになった子どもの発達傾向（得意な領域、不得意な領域）をもとに、具体的な指導や支援の方向性と具体的な手立てを考える。

進め方

（1）発達検査をやってみよう（例：KIDS乳幼児発達スケール）

　発達検査は全項目の評価は難しいかもしれないが、質問項目を知ることは、発達状態をとらえるポイントを知るうえで重要である。本演習では、KIDS乳幼児発達スケール（以下、KIDS）を取り上げる。KIDSは、子どもの生活全体の様子を評価することで、乳幼児の発達状態を把握できるように構成された質問紙である。可能であれば、知り合いに協力を頼み、KIDSを実施してみよう。難しければ、自分の子どものころを思い出し、特定の年齢を決めて、KIDSを実施し、検査項目のもつ発達的意味について考えてみよう。

Step2 プラクティス

（2）発達検査の結果を分析してみよう
　質問項目に回答した結果をもとに各領域の発達年齢を算出し、発達プロフィールを表すグラフを作成してみよう。

（3）発達検査の結果からわかることを書き出してみよう
　115ページに掲載した事例のA君のKIDS発達プロフィールを図10-1に示す。A君の発達の全体像や個人内の不得意な領域と得意な領域について考えてみよう。

　発達検査をしたのは、事例が観察された時期と同時期である。A君の生活年齢は4歳0か月（48か月）であった。担当保育者は、A君の保育所での様子について、次のように話している。周囲の友だちの発言とは関連が低い発言をすることが多く、子ども同士でのトラブルが多かった。大人とのコミュニケーションは好むが、子どもとのコミュニケーションは苦手なようであり、また、初めての場所・遊具・人が苦手であり、不慣れな場面には不安と混乱を感じるようだ。

（4）具体的な指導や支援の方向性と具体的な手立てを考えてみよう
　（1）〜（3）をふまえ、A君とどのようにかかわっていくか、実際の場面を想定しながら具体的に検討してみよう。

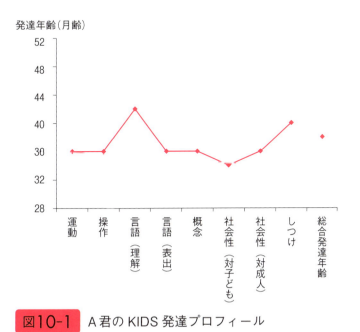

図10-1　A君のKIDS発達プロフィール

Step 3

1. 子ども理解を出発点とした保育のプロセス

　Step 1 では、子どもを理解するうえで必要な知識や観点、Step 2 では、子どもの発達状況を理解する方法について取り上げた。保育者は、知識や方法を知っているだけでなく、①目の前の子どもたちの姿を見て、発達状況や子どもの内面を予測し読み取り、また、②遊びや生活の様子から子どもの学びを読み取り、そこに発達を見いだし、そして、③今後の発達の見通しを想定しながら、目の前にいる子どもにどのような援助が適切かを考えている。そこで、Step 3 では、子ども理解を出発点とした保育のプロセス（図10-2）について解説する。

実践と省察を繰り返しながら、子どもを理解する

　乳幼児期は、5 領域（健康・人間関係・環境・言葉・表現）の総合的な指導のもと、子どもの興味関心を最重視しながら、保育・教育を進める時期である。保育者が子どもたちに何を援助すべきか、どんな環境を用意したらよいか、を考える際に、子ども一人ひとりの発達や行動特性を的確にとらえることはとても重要である。

　保育者は、保育実践に先立ち、子どもの遊びの様子や心身の状態から子どもを理解する一方、保育実践の過程での子どもの姿から新たな気づきを得ることもある。実践を行いながら自分の実践を振り返る力は「省察（せいさつ）」と呼ばれ、保育者の専門性の1つとされている。「省察」とは、自分の今日の保育を反省するスタンスではない。「子どもたちは、ブロックの形よりも色に着目していたので、今度は色に着目して話をしてもいいかもしれない」「子どもたちにルールを考えてもらったら、自分たちでもっと一生懸命に守ろうとしたかもしれない」など、自分自身の保育を振り返りながら、さまざまな見方に気づいたり、子どもの行動の意図（いと）や、その活動が幼児にとってどのような意味があったのかを考えたりすることである（秋田，2000）。

　「省察」することは、「今、ここ」の経験がどのようなものであるのかを新たな視

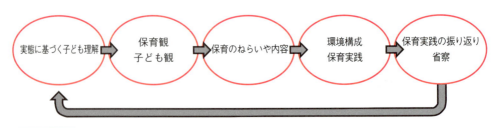

図10-2　子ども理解を出発点とした保育のプロセス

点から見つめなおすことであり、保育の方法の出発点としての保育者の子ども理解とは、常に暫定的であり、再構成し続けるものである（岡田，2005）。

2. 保育の質や保育のプロセスを評価するさまざまな方法

　保育の質をいかに高め拡充していくかは、乳幼児教育の関係者だけでなく、社会全体で考えるべき問題となっている。保育の質や保育のプロセスを評価する方法には、チェックリストや尺度を用いた数値による評価方法と、子どもの育ちを保育者が自分の視点で語り、保育者が自ら振り返り省察する方法（ドキュメンテーションやラーニング・ストーリー）がある。省察に着目した評価方法には、112〜113頁に紹介したドキュメンテーション、ラーニング・ストーリー以外に、ラーバーズ（Laevers, F.）（1994）が開発したSICS（Self-Involvement Scale for Care Setting：子どもの経験から振り返る保育の質）も近年着目されている方法である。SICSは、保育の質を、「安心度」「夢中度」「大人の関与」の3つの要素からとらえ、子どもの姿を「安心度」と「夢中度」から評価した後、なぜその評定になったのかを保育者同士で議論し、その背景となる事項をチェックリストによって検証しながら、明日の保育活動の具体的な改善策へつなげるものである。

　保育の質を数量的に客観的に評価するものとしては、ECERS-3（保育環境評価スケール）、CLASS（Classroom Assessment Scoring System）がある。ECERS-3（Harms, Clifford & Cryer, 2015）は、3歳以上の集団保育の質を保育環境の側面から評価する尺度である。保育環境は、園のなかの物的環境だけでなく、保育者や子どもなどの人的環境、その場でのやりとりを含むものであり、「空間と家具」「個人的な日常のケア」「言葉と思考力」「活動」「相互関係」「保育の構造」「保護者と保育者」の7つの下位領域がある。CLASS（Pianta et al., 2008）は、保育の質を、教室における教師のかかわり方を主眼におき、「情緒的サポート」（肯定的な雰囲気、教師の敏感さ、子どもの視点の認識）、「クラスの構成」（子どもたちの行動の把握、生産性、教材のあり方）、「教授的支援」（概念形成、振り返りの質、言語を用いたモデリング）という視点で評価する。

　保育実践のなかで、子どもの育ちをとらえ、意味づけていくことは重要であり難しくもあるが、保育実践の醍醐味である営みである。

引用文献

- 秋田喜代美『知を育てる保育：遊びでそだつ子どものかしこさ』ひかりのくに，p.142，2000．
- Harms T., Clifford R. M. & Cryer, D., *Early Childhood Environment Rating Scale* ®, *Third edition*, Teachers College Press, 2015.（埋橋玲子訳『新・保育環境評価スケール①〈3歳以上〉』法律文化社，2016．）
- 今井和子『なぜごっこ遊び？ 幼児の自己世界のめばえとイメージの育ち』フレーベル館，1992．
- 鯨岡峻・鯨岡和子『エピソード記述入門』ミネルヴァ書房，2005．
- 厚生労働省「保育所保育指針」2008．
- Laevers, F.（Ed.）, *The Leuven Involvement Scale for young children*, Center for Experiential Education, 1994.
- 岡田たつみ「「私の中のその子」とのかかわり方」『保育学研究』第43巻第2号，pp.73〜79，2005．
- Pianta, R. C., La Paro, K. & Hamre, B. K., *Classroom Assessment Scoring System（CLASS）*, Paul H. Brookes, 2008.
- Thomas, A., Chess, S. & Birch, H. G., *Temperament and behavior disorders in children*, New York University Press, 1968.
- 利根川彰博「幼稚園4歳児クラスにおける自己調整能力の発達過程：担任としての1年間のエピソード記録からの検討」『保育学研究』第51巻第1号，pp.61〜72，2013．

第11講

子ども理解のための職員間の対話

近年、子どもの姿、家庭のあり方が多様化し、子どもを理解するための「対話」や「協働」がよりいっそう求められるようになった。そこで本講では、Step1で職員間の対話や協働についての基礎知識を学び、Step2で対話の1つの方法として事例を用いた模擬保育カンファレンスの演習を行う。Step3では保育現場において子ども理解の改善につながる対話とは何かをふまえながら、他職種との連携における対話の重要性について学ぶ。

Step 1

1. 保育における対話と協働

対話と協働

　近年、保育現場では親子の姿が多様化し保育者がさまざまな役割を担わなくてはならなくなっていることから、一人の保育者だけで子どもや保護者を理解しクラスを運営していくことが難しくなっている。まして、保育実践に唯一の正解はなく、状況に応じて柔軟な判断と対応が必要となるため、協働性や人間関係を重視し実践の引き出しを多く所有することが求められている。2018（平成30）年4月から改定された保育所保育指針、幼稚園教育要領、幼保連携型認定こども園教育・保育要領においても各所に協働性や組織的な取り組みの重要性が記されており、これからの保育において、子どもを取り巻くすべての人々が「対話」を重ね「協働」していくことは必然ともいえる。

　そのようななか、職員間でのコミュニケーションはうまくいっているかと尋ねると、意外にも関係性に多少の不満はあるもののコミュニケーションはよくとれていると回答する保育者は少なくない。しかし、その日常的な会話が必ずしも「対話」になっているとは限らず、コミュニケーション量に保育実践や関係性の改善がともなっていかないのが実情である。そもそも、「対話（Dialogue）」とは、2者以上の間で交わされる互いの言葉や状況の意味・意図を共有するプロセスのことであり、表面的な状況の共有やたわいもない日常の会話の積み重ねとは異なる。

　例えば、日常的なコミュニケーションに問題のない若手保育者の担任とベテラン保育者の副担任が、運動会のプログラム構成の話し合いをきっかけに関係性を悪化させたという話がある。運動会で新しいプログラムを試してみたい若手保育者と定番のプログラムで進めたいベテラン保育者が、互いの提案の意味や意図を話し合う「対話」を積み重ねず、互いに信頼されていないと誤解したことで関係性が悪化してしまった例である。単に表面的な提案を共有するだけでなく、なぜそのような提案を思いつくに至ったのか、その提案でどのような保育をめざしていくのか、何に注意すればその実践が可能になるのか、について共有することが「対話」の重要ポイントとなる。現にこの例でも、若手保育者は昨年度の子どもより運動量の多い今年度の子どもたちのことを考えていたのに対し、ベテラン保育者ははじめて担任として運動会を迎えるため新しいことに取り組んで子どもたちも担任も落ち着かなくなることを心配していた。いずれも子どもたちのためを思って提案しており、互いを否定するつもりはなかったのである。より充実した保育実践および保育者間の関

Step1 レクチャー

係性の構築のためには、表面的な提案の共有だけでなく、"なぜ""どのように"を掘り下げた「対話」が欠かせない。

また、「協働（collaboration）」とは、1人である目標に向かって取り組むのではなく、複数の人々が互いの役割や特性、専門性を尊重し合いながら、1つのチームとしてともに力を合わせ目標に向かって取り組むことである。「対話」はこの「協働」へ向かうプロセスでもある。「協働」を可能にするために、それぞれが主体的かつ対等に目標を明確にしながら、保育実践の意味や意図について「対話」を重ね、それぞれが自らの役割を果たしていくことが大切となってくる。

対話と協働からチームへ

さて、「協働」は一見もともと社交的な保育現場においてすでに行われていることのように思える。しかし、保育経験年数も養成課程で受けてきた教育内容も異なる保育者同士が「協働」することは決して容易なことではない。

実は保育者は、自身はそのようなつもりはなくとも、自身の隠れた強い思いや価値観、これまで学んできたことによって、本来の子どもの姿を理解できなくなる場合がある。それにより過剰に子どもを心配しすぎて支援することで、本来の能力を引き出す機会を阻害してしまうこともある。そこで、ほかのクラスの保育者や加配保育者、ときには保護者や専門家などと「対話」の機会をもち、自分は1人ではなく子どもを育てるチームの一員であるという感覚を培う必要がある。チームの一員として常に他者からの情報をもとに子どもに対する自分の子ども理解を振り返ることこそ主体性と対等性の源であり、自然と「対話」の積み重ねから保育実践が「協働」でつくり上げられていくことにつながるのである。

2. 対話の機会を生む保育カンファレンス

保育カンファレンスとは

保育者が互いの違いを認め合い、対象となる子どもへの見方やかかわり方を照らし合わせる「対話」の方法として、保育カンファレンスがある。保育カンファレンスとは、保育実践や子ども・保育・家庭に対する考え方を話し合い、専門性を高めていくものであるが、決してほかの討議や会議のように正解や確認を求めるだけのものではない。

森上（1996）は保育カンファレンスの特徴を次のようにまとめている。①正解

を求めようとしない、②本音で話し合う、③問題をめぐってそれぞれが自分の問いを立て自分事として考えていく、④相手を批判したり、論争しない、⑤それぞれの成長を支え合い育ち合う、の5つである。これらの特徴からもわかるように、保育カンファレンスは、互いの保育を尊重し合い、あくまでそれぞれの保育者が自身の保育実践や子どもへの見方を再構築する場であり、先述した主体的かつ対等な「協働」を可能にする「対話」の1つの形なのである。

　なお、最近では、各保育者が事例を持ち寄る事例カンファレンスや、写真や動画を見て話し合うカンファレンス、諸関係機関をまじえたカンファレンスなど、さまざまな形で行われている。これらの保育カンファレンスの多くは「対話」のなかで自らを振り返るとともに、互いの特性を認め合い「協働」していくための大切な場となっている。

カンファレンスにおいて実践の意味・意図を振り返るために

　単なる会話ではなく「対話」として保育カンファレンスを効果的に実施していくためには、ある保育実践に対してなぜそのようなことをしたのか、そのとき自分にどのような思いや見方があったのかなどを振り返り、実践や、ときには保育観、子ども観を見直すことが必要である。互いの子どもの理解や見方、かかわり方を照らし合わせる保育カンファレンスでは、他者から出された「情報」をもとに自らを振り返り、柔軟に自分の実践のさまざまな特徴や特異性に気づき、今後の保育に向けてその意味を問い直すことが可能となる。

　それでは、ここで保育カンファレンスにてどのように「対話」していくことが必要なのかを考えるために、A保育者が実践を振り返ることができていない保育カンファレンス（**事例1**）と、振り返ることができている保育カンファレンス（**事例2**）の違いをみてみよう。

Step1 レクチャー

事例1
A保育者：Y君が「1人がいい」と言うようになってクラスで遊ばなくなった。かかわらなくてはと思っている。
B保育者：遊びが減っているのはなぜ？ 制作とか好きだよね？
A保育者：割り箸を欲しがるが、あきらめが早い。
C保育者：もう一歩寄り添った時間がいるように思う。
A保育者：一緒にかかわる時間は必要とは思っているけど…。
D保育者：割り箸へのこだわりに寄り添いすぎると執着してしまうと思う。
A保育者：とりあえず納得させることが必要かなとも思って…。

(若林・津川, 2005を一部略)

事例2
A保育者：制作活動をあまりやらない。
B保育者：私のクラスでは大きな模造紙とかで自分たちが乗れそうなボートづくりをして楽しかったなあ。
C保育者：思いもよらないものができるってことも必要なんだね。
D保育者：私は制作も片づけも子どもがやりやすい環境をつくってます。片づけのときに残りの材料の使い道を話し合ったり。
C保育者：残り物も1つの環境設定なんだね。楽しそう。
A保育者：環境がつくれないとかより、私自身制作に楽しみを見いだせていないのかもしれません。子どもと一緒に楽しんでみようと思います。

(若林, 2004を一部略)

　この2つの事例を比べると、**事例1**ではA保育者がほかの保育者の助言や質問に応えるだけで精一杯になり自分の保育実践の意味を振り返ることができていないが、**事例2**ではほかの保育者からの情報を活用し、なぜそのような保育実践に至ったのかその意味を振り返っていることがわかるだろう。助言や質問ばかりではなく、それぞれが自分事として「情報」を提供し合い、「情報」を材料として自らの保育実践について振り返る時間をもつことが、保育カンファレンスにおける「対話」のあり方なのである。

　なお、**事例2**のC保育者にも注目してもらいたい。C保育者はファシリテーターの役割も担っている。「対話」を引き出すファシリテーターのもと、保育カンファレンスの参加者が主体的かつ対等に「情報」を提供し合うことで、組織力が高まっていくのも保育カンファレンスの利点といえる。

Step 2

> **演習1** 対話と協働の意味について確認したあとに、グループで作業をしながら対話ができているか、協働していくためには何が必要かを考えてみよう

課題

グループで「対話」と「協働」の意味について確認したあと〈運動会のプログラムづくり〉に取り組み、課題のなかで「対話」を重ねることで互いの特性を認め合い主体的にかつ対等に取り組めたかを振り返り「協働」についての理解を深める。

進め方

（1）準備するもの

次ページ以降に掲載されているシート①〜⑦のような書き込める用紙を準備する。なお、Step 1を熟読し、「対話」や「協働」に必要な事柄について考えておく。

（2）方法

① 5〜6人のグループをつくる。例えば、今日の気分は何色かを手のひらに記入し、合図とともに手のひらの色名を見せ合い、一致したメンバーでグループをつくるなど、ランダムにメンバーを構成する。

② 「対話」と「協働」についてこれまで学んだことを振り返り、「対話」と「協働」に必要な条件についてグループメンバーで確認し合いながら、シート①に記入する。

③ シート①に記入した内容を意識しながら、グループで課題に取り組む。課題のテーマは〈運動会のプログラムづくり〉。シート②にプログラム案をメモする。その際、互いの提案の意味や意図について対話することを忘れないようにする。

④ 〈運動会のプログラム〜午前の部〜〉の作成が終了したら、一時中断し、シート③に話し合い中にみえてきた各メンバーのよいところや話し合い中の役割などを記入し、見せ合う。

⑤ 全員がシート③を見せ合ったら、続きのプログラムを作成する。

⑥ 〈運動会のプログラム〉の作成が終了したら、シート④を記入し、互いの提案の意味や意図を共有できたか、主体的に課題に取り組むことができたか、互いの特性を認め合い対等に話し合うことができたかを振り返り、「対話」や「協働」に必要なことをあらためて考える。

Step2 プラクティス

シート①【対話や協働について確認しよう】

対話とは…？

協働とは…？

シート②【グループで課題に取り組もう】

運動会のプログラム

～午前の部～

～昼食～

～午後の部～

シート③【グループメンバーのよいところを認め合おう】

メンバー1　（　　　　）さん：

メンバー2　（　　　　）さん：

メンバー3　（　　　　）さん：

メンバー4　（　　　　）さん：

メンバー5　（　　　　）さん：

シート④【課題内での対話、協働的な取り組みを振り返ろう】

(1) 互いの提案の意味や意図を共有できましたか？

(2) 主体的に課題に参加し、互いの特性を意識し対等に話し合うことができましたか？

(3) 「対話」や「協働」に必要なことはどのようなことだと思いましたか？

第11講　子ども理解のための職員間の対話

> **演習2**　1人の子どもについて模擬保育カンファレンスを行い、自分の子ども理解を振り返るために必要なことについて考えてみよう

課題

① **事例**について模擬保育カンファレンスを行う。
② 模擬保育カンファレンス後、ほかのメンバーからの情報をもとに自分の子どもに対する理解の仕方についての気づきを記入し、子ども理解を振り返るためには何が必要かについて考える。

> **事例**
> **年少クラス（12月）〜午前中の外遊びの時間の出来事〜**
> 　園庭に出る準備をして保育者の話を待つ子どもたち。O君（4歳6か月）は大好きなスケーターを気にしながら待っている。保育者が「先生がお片づけというまで好きな遊びをしていいです。それでは、お庭に出ましょう」と話すと、いっせいに園庭に出る。O君は好きな赤いスケーターを求めて走るが、ほかの子どもたちが早く乗りはじめてしまい、1台も残っていない。もじもじしながらスケーターで遊ぶ友だちをじっと見ている。しばらくすると、O君はいつものように黙ったまま保育者に近づき、視線を合わせてスケーターを指さす。

進め方

（1）グループづくり

　5〜6人のグループをつくる。なお、**演習1**のグループをそのまま継続してもよい。ジャンケンなどでメンバーのなかにファシリテーターを決める。あくまでファシリテーターもほかのメンバーと同じ発言者であり、全員が発言できるようにうながす程度の役割である。

（2）注意点

　互いに"自分であるならばどうか"という「情報」を出し合い、それぞれが自分を問い直し、気づきを得て振り返ることが大切である。決してメンバーに対して批判・質問攻め、コメント攻めをしてはいけない。なお、**シート⑥**を利用し、カンファレンス中、どのような「情報」を出すことができたのか、他者のどのような「情報」を活用し気づきを得たのかをメモし、振り返ることを意識する。

Step2 プラクティス

（3）カンファレンスの手順

ウォーミングアップとして、昨日食べた夕食について情報を提供し合う。

① 事例を読み、保育者のかかわり方や対象となる子どもの特徴、事例後の展開について、自分の思ったこと、考えたことをシート⑤に記入する。

> **シート⑤【事例から私が思ったこと、考えたこと】**
>
>

② 全員がシート⑤の記入を終えたら、ファシリテーターの合図で15分間の模擬保育カンファレンスを始める。

③ カンファレンス中は、自分事として考えたことを、「情報」として話す。

④ ほかのメンバーの話を聞いて、自分が出した「情報」、気づきに活用したほかのメンバーの「情報」をシート⑥にメモし、振り返ることを意識する。その際、共通していること、違っていること、自分だけ注目したところ、自分だけが思ったこと、考えたことなどをメモに書き記すと、より自分について振り返ることができるようになる。

> **シート⑥【カンファレンスメモ】**
>
> 自分が出した主な「情報」…
>
> 気づきに活用した「情報」と気づきの内容…
>
> 自分だけが注目したり、思ったこと、考えたこと…
>
> その他気づいたこと…

⑤ 15分間のカンファレンスが終了したら、シート⑦にて、自分の考え方についてどのような気づきがあったのかを振り返り、自分の子ども理解を振り返るために必要なことをあらためて考える。

> **シート⑦【カンファレンスから気づいたこと】**
>
> (1) カンファレンスから気づいた自分の考え方や今後に生かしたいこと
>
> (2) 振り返るために必要なことは何だと思いましたか？

第11講 子ども理解のための職員間の対話

Step3

保育者間の対話から地域との協働へ

子ども理解を楽しくする対話

　先に述べたように、昨今の保育現場はその役割が多岐にわたり、保育者は多忙を極めている。そのため、個々に応じた援助、保育を考えるのは至難の業であり、しばしば援助、保育を類型化し、計画どおりに指導し改善をうながそうとしてしまうことがある。しかし、あまりにも子どもたちを型にはめてしまって、遊びや保育から獲得される本来の発達の可能性を奪ってしまったのでは本末転倒である。

　松井（2013）は、障害固有の行動的・心理的な特性の改善をめざす実践をしようとする障害特性論に基づく遊びを批判的に検討している。そのなかで、障害特性論からの脱却が遊びの充実につながること、そしてどの子も楽しめる遊びや保育実践は障害の知識などではなく保育者の洞察力によって生み出されることを論じている。このことは障害や気になる子だけにまつわる話ではない。子ども理解を進める際、目の前の子どもたちに今必要な援助は何かを懸命に観察し、楽しく遊ぶという保育本来の姿を見つめ直すことが重要である。そのためには、自らの偏った見方、考え方を振り返る保育カンファレンスのような対話や学び合う園内研修を行っていくことが効果的であろう。

　さて、実際に模擬保育カンファレンスを行ってみて「対話」や振り返りについてどのように感じただろう。保育カンファレンスにおいて「対話」から気づきを得て自分について振り返ることに難しさを感じた人もいるかもしれない。実際の保育場面でも、保育者が一人の子どもを気にかけすぎるがゆえにその理解をゆがめてしまい、振り返ろうという意識をもてなくなってしまうこともある。ただし、多くの保育者は、本来、一人の気になる子の特性を改善したいという思いよりも、気になる子もそうでない子も含めた集団づくりのなかで保育場面を改善したいと考えており（若林，2014）、本質的には自然な子どもたちの楽しい日常のなかでの育ちを望んでいる。最近では、自分がいいと思う保育場面の画像を交えて発表し合う園内研修が行われ、楽しい日常の保育場面を共有することにより、主体的な学び合いのなかで互いの保育観を振り返ることが可能となった取り組みも報告されている（吉田，2018）。もし、一人の子どもに行き詰まり理解や振り返りが進まないときには、クラス集団の育ち、子どもたちが楽しめる遊びについて「対話」を積み重ねてみるとよい。遠回りと思うかもしれないが、確かにそこから新たな保育実践の糸口を見いだせるだろう。

広がる対話と協働

　最後に忘れてはいけない事柄として、家庭・地域との「対話」と「協働」をあげておこう。ここでいう「対話」と「協働」とは、先述したように、だれかがだれかに一方的にアドバイスをするような形ではなく、あくまで保育者と保護者、専門家、小学校関係者、地域社会が、継続的に子どもを見守るチームになっていくことであることを強調しておく。なお、現段階でも、保育コーディネーター（施設内外を問わず保育に必要なつながりを調整する人）などの役割によって、保育者と諸関係機関とのつながりが生まれつつあるが、まだまだ一方向の援助や連携が横行しているのも事実である。

　例えば、発達の遅れがみられる子どもに対して園以外の専門機関と連携をとる場合がある。それぞれの専門性が対等に発揮されなければ、保育者間で積み重ねた「対話」が活かされず専門家のアドバイスにしたがうだけになってしまうこともある。その結果、園が保護者に一方的に療育などを強制し、保護者はネガティブな評価を受けたと勘違いし園から離れてしまう場合もある。藤崎・木原（2005）は、「協働」の研修をすることによって互恵的な学びと関係性が生み出されることを示唆している。子どもを取り巻く人々が常日頃からともに学び合う場を設け、それぞれが積み重ねた「対話」が対等に活かされていくことが必要である。

　さらに小学校との連携においても、単に一方的に就学支援シート（子どものこれまでの園生活の様子が記録されたシート）などを渡すだけでは、継続して子どものどの部分を伸ばしたらよいのかがなかなか伝わりにくい。河口・七木田（2014）の調査によれば、就学前施設と小学校とで情報のやりとりはあっても、互いの求めている情報にずれがあり、内容が十分に共有できていないことがわかっている。保育者間でなされた「対話」が、その後、子どもたちが進む道すじでも活かされるよう、学校種を越えた「対話」の機会をつくり続けていくことが大切である。

　さて、ここまで「対話」と「協働」の必要性について述べてきたが、これらは決して容易な取り組みではない。ときには、対話を重ねても自らが十分に役目を果たせていないような思いになるかもしれない。逆に、自分ばかりが子どものことを考えているような思いになってしまうこともあるだろう。そのようなときこそ、長期的かつ包括的な視野をもって、地域のなかでこの先も育っていく子どもたちとかかわっているということを再度自覚してみることが必要である。保育者間対話から地域内対話へ、子どもを取り巻く大人たちが継続的に子どもを育てるチームになれるかが問われている。

引用文献

- 藤崎春代・木原久美子「統合保育を支援する研修型コンサルテーション——保育者と心理の専門家の協働による互恵的研修」『教育心理学研究』第53巻第1号，pp.133〜145，2005．
- 河口麻希・七木田敦「保幼小連携に対する保育者と小学校教諭への意識調査——具体的な「伝えたい情報」と「知りたい情報」の比較から」『広島大学大学院教育学研究科紀要 第三部』第63巻，pp.81〜91，2014．
- 松井剛太「保育本来の遊びが障害のある子どもにもたらす意義——「障害特性論に基づく遊び」の批判的検討から」『保育学研究』第51巻第3号，pp.295〜306，2013．
- 森上史朗「カンファレンスによって保育をひらく」『発達』第68号，pp.1〜7，1996．
- 若林紀乃「保育カンファレンスにおける進行係のあり方——カンファレンスでの主任保育士の会話に注目して」『幼年教育研究年報』第26巻，pp.77〜83，2004．
- 若林紀乃・津川典子「保育カンファレンスにおける有用な発言パターンの検討——問題提起者の「気づき」を促す会話の分析から」『日本保育学会第58回大会発表論文集』2005．
- 若林紀乃「気になる場面に対する保育者の認識」『日本教育心理学会第56回総会発表論文集』2014．
- 吉田茂「主体的に学ぶ保育者集団を目指して——ふたば保育園・園内研修での取り組み」『発達』第154巻，pp.43〜48，2018．

第 12 講

子ども理解のための保護者との情報共有

　園での生活と家庭での生活は密接につながり合っており、子どもを理解するためには、保育者と保護者との情報共有は不可欠である。本講では、まずStep1で子ども理解のために保育者はなぜ保護者と情報共有をする必要があるのか、また、その具体的な方法について概説する。Step2では保護者との情報共有の方法を、演習や実践的な取り組みの事例を通して検討するとともに、Step3で情報共有する際のポイントについても言及する。

Step 1

1. 保育所保育指針等にみる保護者との情報共有

　平成29年度に保育所保育指針（以下、保育指針）や幼稚園教育要領、幼保連携型認定こども園教育・保育要領が改定（訂）された。保育者と保護者の情報共有について、保育指針では子育て支援の観点から「日常の保育に関連した様々な機会を活用し子どもの日々の様子の伝達や収集、保育所保育の意図の説明などを通じて、保護者との相互理解を図るよう努めること」（「第4章　子育て支援」の「2　保育所を利用している保護者に対する子育て支援」の「(1)　保護者との相互理解」のア）と示されている。このような記述は幼保連携型認定こども園教育・保育要領でも同様である。一方、幼稚園教育要領では家庭との連携の観点から「保護者との情報交換の機会を設けたり、保護者と幼児との活動の機会を設けたりなどすることを通じて、保護者の幼児期の教育に関する理解が深まるよう配慮するものとする」（「第1章　総則」の「第6　幼稚園運営上の留意事項」の2）と明記されている。

　さまざまな家庭状況にある保護者の利用増加にともない、保護者との情報共有は今後ますます重要となる。子どもたちの健やかな育ちのために、より積極的に保護者と保育者が連携しながら適切に対応していく必要性が強調されている。

2. 保護者との情報共有の意義

　近年、核家族化やライフスタイルの変化にともない、子どもたちの在園時間が長くなっている。そのため、園での生活は家庭での生活と同様に、子どもの育ちに重要な役割を担っている。子どもの言動を理解するためには、園または家庭における子どもの状況だけで判断しようとするのではなく、園と家庭の連続性のなかに子どもが存在しているという観点から、子どもの様子や状況などをふまえて判断することが大切である。保育者は、園および家庭での子どもに関する情報を保護者と共有するように努め、保護者と連携を密にすることが求められている。

　一人の子どもをとらえる際に、ブロンフェンブレンナー（Bronfenbrenner, 1996［1979］）は生態学的システム論において、その子どもを起点とした同心円的で重層的な広がりのなかでとらえる必要性を述べている。園での子どもの行動は、家庭において子どもに直接影響を与える保護者の保育観や職場環境、子どもが生活している文化形態など、子どもと間接的にかかわる他者やモノなども含め、それらが影響し合って個別に生み出されている。つまり、現在の子どもの行動を理解するためには、図12-1に示すように、現在の子どもにかかわる情報のみならず、これまで

Step1 レクチャー

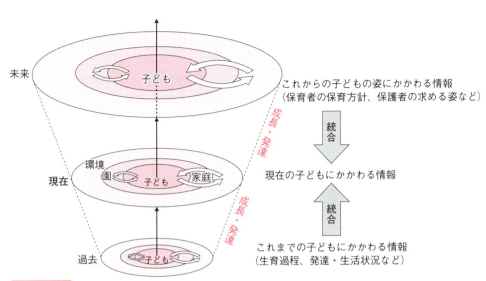

図12-1 時系列でみた子どもにかかわる情報（伊藤，2018を一部改変）

の生育過程などに関する情報や、これからの子どもに対して保育者や保護者が期待する姿や保育方針にかかわる情報も含めた情報の統合が必要となる。そして、子どもにかかわる多くの過去・現在・未来にわたる情報を収集したうえで、さまざまな観点から子どもの行動の意味やおかれた状況をみとっていくことが必要となる。

例えば、園で「子どもが他児をたたく」という行為を考えてみよう。その行為のみをみれば、暴力的な子どもだと決めつけてしまいかねない。しかし、子どもはいつごろから、どのような状況のときに、だれをたたくのか、家庭でもたたく行為があるのか、さらには園または家庭での子どもの様子や生活状況等の情報を、きめ細かく保育者と保護者が共有することによって、なぜ他児をたたくのかという子どもの行為の意味や背景がわかりやすくなる。他児をたたく原因として、弟や妹が生まれたことや保護者の出張等により、なかなか家庭で甘えられない反動で一時的にこのような行動を表出している可能性、保護者の子どもに対する期待の大きさ、子どもへの過干渉、さらには保護者の育児不安や子どもへの虐待が潜在している場合もありうるであろう。

このように保育者と保護者が情報共有をすることによって、保育者は家庭での子どもの様子や生活状況を把握できるだけでなく、保護者の現状や考え方を理解したうえで保護者への支援も行うことができる。一方で、保護者は園での子どもの様子を知ることによって、安心感が生じるだけでなく、子育ての悩みを保育者に表出する契機になることもある。さらに、保護者は保育者から子育てに役立つ情報を獲得することによって、子どもに対する新たなとらえ方を発見する機会にもなりうる。

3. 子ども理解のための保育者と保護者との情報共有の方法

　保育者と保護者が情報を共有する際、その方法は1つではない。そこで、よく使われている方法をいくつか紹介する。

直接の会話

　子どもの送迎時や行事時などに両者が直接会って行う会話である。実際に会って子どもに関する情報を話すことによって、より深く尋ねたり具体的に説明したりすることができる。また、保護者との何気ない会話のなかから、保護者の育児に関する悩みや不安などを保育者が察し、支援する糸口になる。

　しかし、時間に追われる保護者や、多くの子どもへの対応を同時に求められる保育者にとっては、会話をする時間的ゆとりがなく、十分な情報交換は困難な場合が多い。また特に、保育所や子ども園において、早朝・延長保育を利用する保護者は送迎時にクラス担任が不在であることも多く、クラス内で起こった出来事を担任によって保護者へ直接伝えることができにくい現状がある。このように、保護者のライフスタイルの変化や保育者の仕事量の増加などにより十分に直接会話をする機会を得ることが難しい場合も多い。そのため、緊急時やその時々に応じて必要な際には、電話等による間接的なコミュニケーション方法も活用することが望ましい。

連絡帳

　保育所やこども園など在園時間が長い施設で使用されていることが多い。保育者と保護者が毎日、連絡帳でやりとりすることを通して、お互いの情報を伝え合うことが可能となる。特に乳児クラスで使用される連絡帳には、睡眠・排泄・検温・食事など生活リズムや体調管理に密接に関連する項目欄がある場合が多く、日々の保育に活かすことができる。保護者にとっては毎日、連絡帳に記述することによって、子どもの成長を感じられたり、自身の生活行動を見直したりする契機になる。また、保育者と保護者の毎日の記述が子どもの成長の記録物にもなる。ただし、多忙な保育者・保護者双方にとって、毎日の記述は負担になることもある。また、外国籍の保護者にとっては書いたり読んだりすること自体が困難な場合もあるだろう。

Step1 レクチャー

保護者への配布物

　園便り・給食便りといった保護者への配布物も園からの情報提供として頻繁に行われている。定期的に園での活動を保護者に情報提供することによって、保護者も子どもの園での様子に興味をもち、安心感をもつことができる。園にとっては、一度の配布で多くの家庭に同じ内容の情報を効率よく提供することができる。また、保護者も読みたいときに読めばよいため負担も少ない。

　しかし、配布物は保護者が読まない限りにおいて、園の情報が伝わることはなく、多忙な保護者のなかには情報を見落とす人もいるだろう。また、配布物は保育所から家庭への一方向的な情報提供であるため、保育者は家庭での子どもの情報や保護者の考えを知ることができない。特に子どもの健康面に関しては、直接子どもの体調や病気とかかわることがあり、家庭での子どもの状況も配慮して園で対応しなくてはならない。そのため、保育者から保護者に園での子どもの様子を一方向的に伝えるだけでなく、返信欄を設けて家庭での子どもの様子を返信してもらうなど保護者から家庭の情報を受け取るようにする工夫も必要である。

イベント的な取り組み

　近年では、親子体験教室などのイベント的な取り組みを定期的に行っている園も多い。楽しんで子どもとふれ合える機会を保護者が得られるだけではなく、保育者もアットホームな雰囲気のなかで保護者と情報交換をする機会ともなる。しかし、仕事をかかえていたり、時間に余裕のない保護者にとってイベント的な取り組みに出席することが難しい場合も多い。また、このようなイベント的な取り組みは継続的な支援に至らないことが多い。

　そのため、開催されたイベントを充実させるためには、その取り組みをきっかけとして生じた保育者と保護者に共通の話題を、日々の会話や連絡帳などの日常的な情報交換の方法と併用することで深められるように模索していく必要がある。

　以上のように、情報共有には多様な方法がみられるが、状況に応じて保育者や保護者にとって最適な方法を選択し、情報共有を図っていくことが必要となる。

第12講　子ども理解のための保護者との情報共有

Step2

> **演習1** 子どもを理解するために、保育者と保護者が共有したい情報を予想し、情報共有する方法を考えよう

課題

① 保育者が子どもの様子を理解するために、保護者からどのような情報を収集すればよいかを考える。
② 保護者が園での子どもの様子を知るために、保育者はどのような情報を収集し、伝えればよいかを考える。
③ 保護者と情報共有するための具体的な方法を話し合う。

進め方

（1）準備するもの

表12-1に示すワークシート。

（2）方法

事例を読んで、①～③について考えよう。

事例

保育所5歳児クラス

T君は元気で明るい性格だが、保育所で自分の思いどおりにいかないとすぐに友だちをたたく、蹴るといった行為が多くみられる。また、友だちに対して暴言を吐くことも多くある。父親・母親ともにフルタイムで働いており、保護者がT君の行動について園に相談することはほとんどない。

---

① 保育者として、子どもを理解するために保護者から伝えてほしい情報、さらに、保護者へ伝えたい情報を考えて、表12-1に箇条書きで記入する。
② Step1の「3．子ども理解のための保育者と保護者との情報共有の方法」を参考に、保育者として、いつ、どのような方法で保護者と情報共有するかについて、具体的方法を考えて、表12-1に記入する。
③ 2～4名のグループになり、ほかの人がどのように記述しているのか知り、それぞれの方法の長所、短所を話し合う。

Step2 プラクティス

表12-1 ワークシート（例）

保育者	具体的な情報共有の方法	
	いつ	どのように
伝えてほしい情報 ・ ・		
伝えたい情報 ・ ・		

情報共有の各方法には長所、短所があるため、保護者の生活状況、考え方、生じた問題によって、適する情報共有の方法を見つけよう。

演習2　連絡帳への返信内容を考えてみよう

課題

① 事例から子どもにかかわる情報を読み取り、整理する。
② 子どもにかかわる情報をふまえたうえで、保育者と保護者との連絡帳を用いたやりとりを読み、保育者として、どのように保護者に返信するかを考える。

進め方

（1）準備するもの
・Aちゃんの事例（「背景」「Aちゃんの食事量の変遷(へんせん)」）
・表12-2、図12-2、図12-3に示すような記入用紙

（2）方法
① Aちゃんに関する情報の整理
　ⅰ 「背景」を読み、Aちゃんにかかわる情報を表12-2の左側に箇条書きでまとめる。
　ⅱ 「Aちゃんの食事量の変遷」を参考に、7月中旬～8月中旬、8月中旬～10月中旬におけるそれぞれの時期のAちゃんの食事量の変動を表12-2の右側に箇条書きでまとめる。
② 連絡帳の返信

事例
背景
　Aちゃんは、入所当初、離乳食を食べる量が他児と比べて極端に少なく、母親や保育者を心配させていた。Aちゃんは母親と父親の3人家族であるが、家庭でのAちゃんの様子を連絡帳に記述していたのは母親であった。Aちゃんの母親は、高齢で出産したAちゃんをとてもかわいがっていた。その一方で、母親はAちゃんに関して些細なことでも不安に感じる傾向があり、特にAちゃんの食事量の少なさについて、強い不安を示していた。母親はフルタイム勤務で、出張や残業も多く、母親と保育者が直接話す機会は少なかった。

Aちゃんの食事量の変遷
【家庭・保育所食事量増加期】（7月中旬～8月中旬）
　Aちゃんは食事量が少なく、特に保育所の給食は食べようとしなかった。そこで、保育者は保育所での離乳食を家庭の味に近づけようと母親に味見をしてもらったり、形状をよりペースト状にして食べやすくした。その結果、Aちゃんの保育所の食事量が増加していった。それにともない、家庭の食事量も増加していった。

【家庭食事量減少期】（8月中旬～10月中旬）
　8月中旬には、幼児の献立と変わらないものが食べられるようになった。そして、保育所・家庭両方で食事量が増加し、完食することが多くなった。しかし、その後、給食は完食するが、家庭では遊び食べが多くなり、家庭での食事量が減少していった。

（伊藤，2017aの事例を一部修正）

ⅰ　図12-2、図12-3に示す保育者とAちゃんの保護者との連絡帳を用いたやりとりを読み、本事例のような保護者からの記述があった場合、保育者として連絡帳にどのような返信を書くか各自で考えてみる。

ⅱ　2～4名のグループになり、ほかの人がどのような返信を記述しているかを知り、グループでどのような返信を保護者に記述したらよいかと、その理由について話し合う。

ⅲ　保育者、Aちゃん、Aちゃんの保護者の3つの観点から、連絡帳の役割や意義について、話し合う。

③　保護者に返信する際のヒント

　図12-2の時期は保育所でも離乳食を食べられていないため、保護者は家で離乳食が食べられないことを深刻に受け止めていない。保育者は連絡帳において、Aちゃんの給食中でのうたた寝を記述し、家庭での様子を聞いている。それに対する保護者の記述から、Aちゃんの睡眠時間が短いことがわかる。よって、保育者は保護者との関係づくりに重点をおきながらも、食事を通して生活リズムの改善をうながす返信が必要であろう。

Step2 プラクティス

表12-2 事例からわかる情報を書き出そう

「背景」からの情報	「Aちゃんの食事量の変遷」からの情報	
・ ・ ・ ・	7月中旬～ 8月中旬	・ ・
	8月中旬～ 10月中旬	・ ・

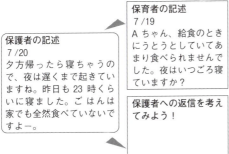

保護者の記述
7/20
夕方帰ったら寝ちゃうので、夜は遅くまで起きていますね。昨日も23時くらいに寝ました。ごはんは家でも全然食べていないですよー。

保育者の記述
7/19
Aちゃん、給食のときにうとうとしていてあまり食べられませんでした。夜はいつごろ寝ていますか？

保護者への返信を考えてみよう！

保護者の記述
9/15
やっと食べられるようになったと思ったら、また食べない日が続いています。好き嫌いも激しくなってイヤイヤばっかり…。保育所ではいっぱい食べているようでうらやましいです。

保護者への返信を考えてみよう！

図12-2 保護者と保育者による連絡帳の記述（7月中旬）

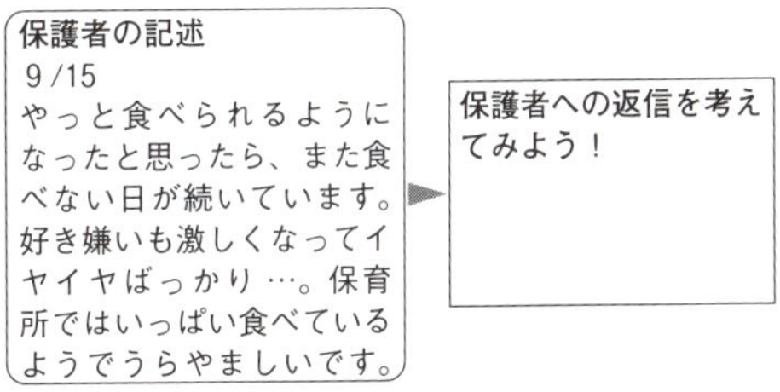

図12-3 保護者と保育者による連絡帳の記述（9月中旬）

　図12-3の時期において、Aちゃんは保育所では離乳食を食べるが、家庭では食べられていない。このような状況に対して、保護者の記述から家庭でのみ食べられていないことへの焦りがみられる。一方で、保護者は少しずつこのような不安や悩みを保育者に伝えられている。よって、保育者は保護者の状況も考慮しながら、長期的な視点で子どもをみていくよう伝えたい（具体的な記述方法としては、**Step 3**を参照）。

Step 3

1. 子ども理解のための保護者との情報共有のポイント

保護者との関係性をつくる

　保育者と保護者が情報共有する際、立場の違いから両者は子どもの見方やとらえ方、保育観等にずれがあることが報告されている（森田・藤井，2012；田中・大塚・福山・田中・中川・肥塚，2013）。このような保育者と保護者の保育に対する意識のずれをお互いが理解しないまま子どもを支援しようとすると、お互いのやり方に不満を生じたり、不信感を抱くことにつながる場合がある（鈴木・堀江・若松・喜多村，1999）。保護者との円滑な情報交換をするためにも、まずは保護者との信頼関係を築いていくことが必要となる。

子どもの家庭での様子を把握する

　現在、夫婦共働き家庭や母子家庭・父子家庭、ステップファミリー、10代で子どもをもつ家庭、外国籍保護者家庭など、さまざまな形態の家族が存在しており、それぞれの家庭において悩みや不安は異なる。保護者のなかにはどのような情報をどのタイミングで保育者へ伝えればよいかとまどっている場合がある。保育者は積極的に保護者の話を聞く時間や機会をつくり、保護者が家庭の様子を伝えやすいように工夫する必要がある。

保育所・幼稚園での子どもの様子を保護者に伝える

　保育者が園での子どもに関する情報を保護者に伝えることで、保護者が家庭でのどのような情報を保育者に伝えればよいのか気づくきっかけになるだろう。また、保育者が園での子どもの様子をていねいに把握し、保護者に伝えていくことで、子どもの成長を認識し、保護者の考えや行動に変化をもたらすこともある。その際、幼稚園・保育所では、直接会って子どもの様子を共有する以外にも、園だよりや連絡帳などさまざまなツールを用いて情報共有を行うことができる。保護者が保育者に気軽に伝えられる環境や雰囲気、人間関係をつくることはもちろんであり、保護者や保育者の負担にならないような情報共有をしていくことが求められている。

2.「食事の連絡帳」を用いた実践的な取り組みの紹介

保育所の保育者と保護者が、食事に関する情報に焦点を当てた乳児用連絡帳を用いて情報共有を行う保育所を紹介する（伊藤，2017a；b）。表12-3は、その保育所で使用されている連絡帳の様式である。この連絡帳（「食事の連絡帳」という）は、食べたものや食べた量、睡眠時間などを記述する欄（以下、上段とする）と日常の気づきや相談などを記述する連絡事項欄を設け、保護者に対しては最低限、上段のみの記述を求めることで、保護者の負担を減らしている。

身近で保護者が悩みをかかえやすく、変化がわかりやすい食事に焦点を当て情報交換をすることで、保育者も保護者も食事状況以外にも、食事と深いかかわりをもつ睡眠、健康状況、生活状況などが記載しやすくなる。また、連絡帳は保育者と保護者が長期的に情報交換できるため、保育者は子どもや保護者の状況を考慮しながら時間をかけて関係を築いていくなかで、保護者と情報共有しやすい。そのため、当初は保育者の情報提供に無返答であった保護者も、保育者が連絡帳の記述を工夫することによって、徐々に家庭での子どもの様子を伝えたり、相談・質問などを記述するようになり、保護者の記述が変容する様相が見受けられた。

表12-3　「食事の連絡帳」（家庭から）

引用文献

- Bronfenbrenner, U., *The Ecology of Human Development: Experiments by Nature and Design*. Harvard University Press, 1979.（磯貝芳郎・福富護訳『人間発達の生態学——発達心理学への挑戦』川島書店，1996.）
- 伊藤優「乳児に対する保育士と保護者の連絡帳を用いた連携の様相——「食事の連絡帳」のやりとりの分析から」『保育学研究』第55巻第3号，pp.33～45，2017a.
- 伊藤優「「食事の連絡帳」を媒介とした保育者による保護者支援——遊び食べや好き嫌いが激しい1歳半の男児Yの事例から」『日本家政学会誌』第68巻11号，pp.35～46，2017b.
- 伊藤優「育てられる・育てる——保育・子どもの成長・発達」多々納道子・伊藤圭子編『実践的指導力をつける家庭科教育法』大学教育出版，pp.106～117，2018.
- 森田愛子・藤井真衣「幼児の発達への保護者と保育者の気づき」『広島大学心理学研究』第12号，pp.269～277，2012.
- 鈴木佐喜子・堀江まゆみ・若松美恵子・喜多村純子「保育者と親の食い違いに関する研究——保育，子育ての問題を中心に」『保育学研究』第37巻2号，pp.72～80，1999.
- 田中浩二・大塚良一・福山多江子・田中利則・中川浩一・肥塚新一「保育所の保育者と保護者の保育観に関する意識の比較——保育所と保護者に対する意識調査の結果から」『東京成徳短期大学紀要』第46号，pp.11～21，2013.

第13講

発達の課題に応じた援助とかかわり

本講では、「個人差」と「発達過程」というキーワードを通して子どもの理解を深め、発達の課題に応じた援助とかかわりについて考える。Step1では、「個人差」と「発達過程」について、それぞれの定義と考え方を学び、Step2では、実際の子どもの姿や事例を取り上げた演習を通じてStep1の学びを深める。Step3では、保育の計画を見ながらStep1とStep2で学んだことが日々の保育へどのようにつながっているかを考える。

Step 1

1. 個人差と発達過程

個人差とは

個人差には、「個人間差」と「個人内差」がある。

産まれてすぐの赤ちゃんを見ていると、数分おきに病室全体へ響くような大声で泣く赤ちゃんもいれば、時折「ふぎゃあふぎゃあ」とやわらかな声で泣く赤ちゃんもいる。こうした情動反応の違いは気質と呼ばれ、性格の下部構造をなすものと考えられている。この性格をはじめ、知的能力や体格など、ある個人と別の個人の間でみられる差異は、「個人間差」と呼ばれる。一方、「個人内差」は、例えば、ある個人の知的能力間の差異（目から入る情報はすぐに理解できるが、耳から入る情報は理解しにくく、言葉のみのやりとりが苦手）など、ある個人のなかでの得意なところと不得意なところを取り上げていう差のことである。

「個人間差」も「個人内差」も、遺伝的要因や環境的要因の違いによって形成される。特に、「子どもの心身の発達及び活動の実態などの個人差を踏まえるとともに、一人一人の子どもの気持ちを受け止め、援助すること」（保育所保育指針（以下、保育指針）「第2章 保育の内容」の「4 保育の実施に関して留意すべき事項」）と明記されているように、保育所等に入ってくる子どもの個人差を理解することは、日々の援助やかかわりに欠かせない事項である。

具体的な例で考えてみよう。冒頭であげた気質について、乳児を対象とした研究では、3種類の特徴的なタイプが報告されている。①「扱いが楽な子ども」、②「扱いが難しい子ども」、③「時間がかかる子ども」である（佐久間，2014）。それぞれの特徴を表13-1に示す。

例えば、3つのタイプそれぞれにあてはまる子どもが3人、保育所の0歳児クラ

表13-1 気質の3つのタイプ（佐久間，2014の記述をもとに作成）

	①扱いが楽な子ども	②扱いが難しい子ども	③時間がかかる子ども
生理的機能	規則的	周期性が不規則	周期性あり
初めての事態	積極的	消極的	消極的
環境の変化	順応的	慣れにくい	慣れにくい
反応・機嫌	機嫌がよい	反応が強く、機嫌が悪い	反応がおだやか
養育者	手がかからないと感じ、あまり育児ストレスを感じない	育児をやっかいなことと感じる傾向あり	子どものペースに合わせて時間をかけてかかわる必要あり

Step1 レクチャー

スへ入ってくる日、保育者として、どのような人的環境、物的環境を整える必要があるだろうか。送り迎えの際、保護者とはどのようにかかわるとよいだろうか。「一人ひとりの健全な心身の発達を図るには、三者三様のかかわりが欠かせない」と考えた人がほとんどではないだろうか。個人差の理解は、それに起因する発達の課題を把握し、課題に応じた援助やかかわりを考える土台となるものである。

発達過程とは

保育指針では、子どもの発達が、「環境との相互作用を通して資質・能力が育まれていく過程」としてとらえられている。発達過程という言葉を「第1章　総則」のなかから探してみよう。「1　保育所保育に関する基本原則」の「(3)　保育の方法」の「ウ　子どもの発達について理解し、一人一人の発達過程に応じて保育すること。その際、子どもの個人差に十分配慮すること」をはじめ、複数回登場し、重要なキーワードであることがわかる。

保育指針における発達過程は、発達過程の初期にあたる乳児期、1歳以上3歳未満の時期、3歳以上の時期に区分され、各区分の発達の特徴が、「第2章　保育の内容」の「基本的事項」に示されている。例えば、1歳以上3歳未満では「発声も明瞭になり、語彙も増加し、自分の意思や欲求を言葉で表出できるようになる」などと、具体的な姿があげられている。子どもがたどる発達の方向性や順序性には共通のものがあるからである。保育指針をはじめ、発達過程について、具体的な子どもの姿が年齢情報とともに書かれているものを見る際に注意することが2点ある。1点目は、これを同年齢の子どもの均一的な発達の基準として見ないことである。つまり、「1歳以上3歳未満に書いてある、自分の意思や欲求を言葉で表出できるようになる姿が、3歳2か月のAちゃんにはまだ見られないから発達が遅れている、何とか遅れを取り戻さなければ！」と、安易な判断や単純な解決へ急ぐ保育をするためのものではないということである。

では、どのようにみるのか。それが2点目、一人ひとりの発達過程として長期的な視野をもってみること、である。個人差の部分でも述べたように、同じ年齢であっても一人ひとりの姿は大きく異なる。発達のスピードや現れ方が一人ひとり違うのである。さらに、同じ個人であっても、発達は、「常に上向き直線状」ではない。行きつ戻りつ、ときにはしばし停滞したりすることもある。保育者が「できたかどうか」「年齢相応かどうか」にこだわりすぎると、真の発達の姿や子どもの思いを見過ごしてしまう。目の前の子ども一人ひとりが、今どのようなことに興味をもち、どのような困難さに挑戦しようとしているのか（例えば、意思や欲求を言葉

で表出することはしていないが、物言いたげな表情を特定の人に向ける姿がある等）、発達過程に示された発達の方向性や順序性を目安に、「一人ひとりの今」に最も適したかかわり方を考えていく必要がある。

2. 発達の最近接領域

　発達の過程に重きがおかれる理論として、「発達の最近接領域」が知られている。これは、「発達のなかですでに完了し、実を結んだものだけでなくて、成熟中の過程にあるものをも規定する可能性を与え」（ヴィゴツキー，2003）る考え方である。
　ここで、A君とB君を比較してみよう。知能検査をした結果、**図13-1**のように、2人とも8歳という知的年齢であることがわかった（現在の発達水準）。この時点では、両者の発達水準はどちらも同程度で区別ができない。
　しかし、大人や自分よりも知的な仲間の助けを借りて、どこまで知能検査の問題が解けるかをみていったところ、**図13-1**中の斜線部分のとおり、A君とB君の間に大きな違いがあることがわかった。B君が9歳の問題を解くレベルにとどまったのに対し、A君は12歳の問題を解くレベルにまで達した（可能的発達水準）。斜線部分、つまり現在の発達水準と可能的発達水準のへだたりは、「発達の最近接領域」と呼ばれ、A君とB君のように個人によって大きく異なることがある。

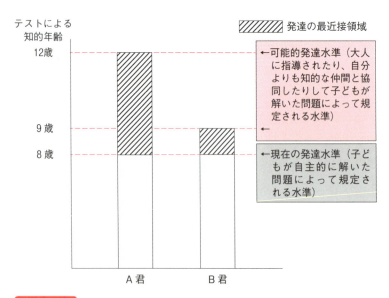

図13-1　発達の最近接領域（ヴィゴツキー，2003の文章と赤澤，2000の図をもとに作成）

Step1 レクチャー

　ヴィゴツキー（2003）は、現在の発達水準を「発達の果実」、発達の最近接領域を「発達のつぼみ、発達の花」とたとえ、前者よりも後者、つまり発達しつつある過程をとらえ、教授・学習を考えていくことが重要であると主張する。

　「発達の最近接領域」は、知的能力の文脈で語られており、また、教授・学習という言葉にあるように、「7歳の子どもからの教授・学習について、使われる概念」（明神, 2004）である可能性も指摘されている。こうした背景はあるものの、できている部分よりも発達しつつある過程を重視している点、発達には他者とのかかわりが重要としている点は、乳幼児期の保育に応用できる考え方ではないだろうか。

　例えば、「竹馬遊び」の場面を考えてみよう。竹馬遊びは、バランスをとることのほかにも、できないことへ挑戦する気持ちなど、さまざまな発達につながる遊びである。竹馬であちこち動いている友だちをじっと見ている姿があった際、保育者が声をかけることによって仲間に入り、試行錯誤が始まるかもしれない。試行錯誤のなかで、日ごろから身体遊びが好きなC君は、仲間のまねをし、あと少しで歩けそうな様子だが、何事にも慎重なD君は、援助を得て竹馬に乗るのが今日の精一杯、と個人差もあるだろう。

　日々の保育で、子ども一人ひとりの発達しつつある過程をとらえ、自分で取り組もうとする姿を見守ったり、必要に応じて援助を工夫したりする。保育者には、一人ひとりの姿から発達の課題を的確に把握し、保育につなげる力が求められているのである。

3. 発達の課題に応じた保育実践

　ここまで紹介してきた考え方が、保育実践のなかに顕著に現れていると考えられるものに、「異年齢保育」（詳しくはStep 3参照）と「保育におけるインクルージョン（インクルーシブ保育）」の2種類がある。

　後者は、「多様なニーズを持つ子どもがともに育つ保育の場を築くことであり、子どもの姿から出発して新たな保育を創造すること」（浜谷ほか, 2013）とされる。背景には、昨今、核家族化をはじめ、就労状況の変化、地域のつながりの希薄化など、子どもを取り巻くさまざまな環境の変化にともない、保育所等へ入ってくる子どもたちの姿が多様化している現状がある。

　こうした現状から、従来の「統合保育」のように通常の集団に障害児のような特別なニーズをもつ子どもを受け入れるという発想ではなく、保育現場そのものを、多様な支援ニーズをもつ子どもが生活する場とみなす発想が支持されはじめている。

第13講　発達の課題に応じた援助とかかわり

Step2

> **演習1** 「発達過程」の視覚化を通じ、「発達の課題に応じた援助とかかわり」を考えよう

課題

① 「発達過程」をまとめ、発達の方向性や順序性について理解する。
② ①へ、個人の記録を重ねることで、発達の方向性や順序性および「発達の課題に応じた援助とかかわり」への理解を深める。

進め方

(1) 準備するもの

① 発達心理学のテキスト等、「発達過程」について取り上げている書籍
② 赤ちゃん発達インタビューメモ（身近にいる赤ちゃん、あるいは、自身の小さいころについて、**表13-2** の「Ⅰ 身体・運動面」を中心に、「首が座ったのはいつごろ？」「はじめて寝返りをしたのはいつごろ？」「寝返り前はどのような姿があった？（例：思うように寝返りできなくて号泣していた、自分からはしようとしなかった）」等、保護者へインタビューを行った際のメモ（インタビューの代わりに母子手帳や育児日記等の記録を用いてもよい）。

(2) 方法

① 発達心理学のテキスト等、「発達過程」について取り上げている書籍を参考に、0歳から就学前ごろまで、「Ⅰ 身体・運動面」「Ⅱ 言葉・認知面」「Ⅲ

表13-2 「発達過程」の視覚化例

	Ⅰ 身体・運動面の発達	Ⅱ 言葉・認知面の発達	Ⅲ 人間関係・遊び等社会面の発達
0歳	・ ・ ・ 首が座る ↓ 手足の動きが活発になる ↓ 寝返りをする		
1歳	・ ・ ・		
就学前ごろ	・		

Step2 プラクティス

表13-3　記録の書き込み例

	Ⅰ　身体・運動面の発達	Ⅱ　言葉・認知面の発達	Ⅲ　人間関係・遊び等社会面の発達
0歳	・ ・ ・ 首が座る　［Cさん：4か月　D君：3か月］ ↓ 手足の動きが活発になる ↓ 寝返りをする　［Cさん：5か月　D君：6か月］ ・ ・		
1歳	・ ・ ・		
就学前ごろ	・		

人間関係・遊び等社会面」について、どのような発達がみられるか、6人程度の小グループで「発達過程」を視覚化する（**表13-2**）。表中左端へ、おおよその年齢区分を書いてもよい。

② 各自が持ち寄った赤ちゃん発達インタビューメモをもとに、①で作成した表へ、一人ひとりの記録を書き込む（**表13-3**の吹き出し部分）。

③ 表を見ながら、次の2点について自分の考えをまとめ、グループ内の話し合いでさらに考えを深め、まとめる。**表13-4**のように両者を対比させるとよい。

　ⅰ　発達の方向性や順序性、個人差など、表を見て気がついたこと

　ⅱ　ある保護者が、「0歳児クラスのお友だちはほとんど寝返りをしているのに、うちの子だけまだ寝返りをしません」と心配している。もしあなたがこのクラスの担任ならば、ふだんの保育で、どのような点を観察し、どのような工夫をするか。また、保護者にどのような言葉をかけるか。子ども理解や保護者支援の視点、人的環境や物的環境の視点など、さまざまな角度から、発達の課題に応じた援助とかかわりについて考えてみよう。

表13-4　考えまとめ（回答欄）

自分の考え	ほかの人の考え（話し合いで気づいたこと）

（回答欄は以下省略）

第13講　発達の課題に応じた援助とかかわり

演習2　事例研究を通して、「発達の課題に応じた援助とかかわりに、集団が欠かせない理由」について考えよう

課題

　事例について議論するなかで、発達の課題に応じた援助とかかわりは、個別保育のみでは十分といえないこと、「個の育ちが集団の育ちにつながり、集団の育ちが個の育ちへつながる」という考え方が重要であることを理解する。

進め方

（1）準備するもの
　事例1、事例2
（2）方法
　事例1と事例2を読み、「議論の視点（例）」などをもとに自分の考えをまとめた後、6人程度の小グループで議論する。最後に、「発達の課題に応じた援助とかかわりに集団が欠かせない理由」について、自分の考えをまとめる。

事例1
皆の先生（4歳児）

　知的障害のあるE君がいるクラス。担任保育者は、E君の言動のすべてが心配で、気持ちは常にE君の隣にいて世話を焼き続け、熱心にかかわる。自分の姿を見て、周りの子どもたちがE君に優しくしてくれるだろうと期待していた。
　ところが、クラスの子どもたちはE君に対してしだいに無関心を装ったり、保育者の言葉も無視したりするようになる。ある子どもは、「Eちゃんが、またトイレでお水流してるよ」と告げにくるが、「だめよって優しく言ってあげて」との保育者の言葉は無視している。ほかのある子どもは、保育者に何度も言われて、E君をクラスに連れ戻す役を嫌々やっている。そのため、かかわり方も粗雑である。E君が遊びに入りたがっても、入れてやらない。そのたびに、E君は半泣きになって保育者にくっつきにくる。保育者は、「Eちゃんも入れてあげてね」とそのたびに言う。クラスはこの状態から変化しないのである。
　「Eちゃんばっかり…」「E君は赤ちゃんなんだからね」「先生はEちゃんのセンセイなの」、子どもたちはつぶやいている。

（後藤，2002，事例5-2をもとに作成）

事例 1　議論の視点（例）

① 保育者の熱心なかかわりは、E君の発達の課題に応じた援助とかかわりとして適切であり、彼の育ちにつながっているととらえてよいだろうか。表13-4のような回答欄にまず自分の考えを書き、次に6人程度のグループで話し合ってみよう。

② E君以外の子どもたちは、一人ひとりの発達の課題に応じた援助とかかわりを得て、日々育っている（十分に遊べている）ととらえてよいだろうか。

③ E君に対して無関心を装ったり、保育者の言葉を無視したりする子どもたちの姿が出てきたのはなぜだろうか。

④ E君も含め、子ども同士が仲間として育ち合うクラスへ向かうためには、どのようにするとよいだろうか。Step 1で紹介した、「保育におけるインクルージョン（インクルーシブ保育）」の視点からも考えてみよう。

事例 2
皆で食べる（5歳児）

　昼食時、グループで食べることになっているが、遊んでいてなかなかそろわない。呼びに行くと、けんかになる。なぜ来ないのか、どうして呼びに来たのか、どうすればいいのか考えてほしいとグループ活動をしているが、そうはならない。食事を皆で食べるということをどう思っているのか。

　そこで、そろって食べるという価値観を自分たちで考え、つくり出してほしいと、あえて一人食べをすることにした。食べたい子から食べ、1週間ほどして話し合いをした。すると、「一人食べだと、おかわりがなくなる」とか、「いつまでも片づけられず、寝る時間がなくなる」とか、子どもたち自身で矛盾に気がつきはじめた。さらに、「今日は遅くなったから散歩食べ（座ったらすぐ食べる）にしよう」とか「誕生日だからパーティ食べ（全員そろって「いただきます」をする）にしよう」とか生活を楽しむ姿が出てきた。

（伊藤，2010，事例「みんなで食べるってどういうこと」をもとに作成）

事例 2　議論の視点（例）

① この事例で、個と集団、両方の育ちがみられた理由はどこにあるだろうか。

② 遊んでいて昼食時にそろわないとき、「一人ひとりの遊び続けたい気持ちを大事にしたい」「皆で食べることの楽しさを味わってほしい」という保育者の願いが予想される。どちらか一方のみを重視した保育を続けた場合、長期的にみて、このクラスの子どもたちの育ちがどうなるか考えてみよう。

Step 3

保育の計画からみる、発達の課題に応じた援助とかかわり

　発達の課題に応じた援助とかかわりは、保育の計画のなかでどのように書かれているのだろうか。ここでは、保育の計画の一部を紹介する。計画のなかに、Step 1 や Step 2 で学んだ、個人差や発達過程の考え方、あるいはそれらをふまえた援助とかかわりがどのように織り込まれているか、どのようなところに工夫がみられるか、読み取ってみよう。

　表13-5 は1歳児11月の指導計画例の一部である。「一人ひとり」という言葉が使われている点、低月齢児、高月齢児という区分で内容が異なる部分から発達の方向性や順序性がわかり、保育の見通しにもつながる点など、個人差や発達過程をふまえた記述から、具体的な援助とかかわりを考えることができる内容になっている。

表13-5　1歳児11月の指導計画（保育の友，2010より抜粋）

前月末の子どもの姿	○朝夕の気温差により、体調を崩す子もいた。 ○戸外でからだを動かして遊ぶことを楽しんでいた。 ○尿意を伝えてトイレで排尿する子もいるが、誘っても「出ない」「イヤ」と言って嫌がる子もいた。	月のねらい	○一人ひとりの体調に留意しながら、薄着で健康に過ごせるようにする。 ○戸外遊び、散歩を通して、自然や周りのことに関心をもち、楽しく遊ぶ。 ○身の回りのことに興味をもって自分でしようとする。
	内容（生活と遊び）		**環境構成　配慮**
低月齢児　おおむね1歳7か月〜	○保育士の言葉かけによりオマルやトイレで排尿したり、布パンツで過ごす。 ○パンツやズボンを自分で脱いだりはいたりしようとする。 ○自然にふれ、散歩や戸外遊びを楽しむ ○友だちや保育士と「貸して」「どうも」などの簡単なやりとりをしながらかかわって遊ぶ。 ○絵本や紙芝居を見たり、読んでもらうことを喜ぶ。		○一人ひとりの排尿感覚をつかみ、オマルやトイレに誘う。失敗しても温かく受け止め対処する。 ○自分でしようとしている気持ちを受け止めながら、さりげなく援助し「できた」という自信につなげていく。 ○子どもの健康状態に留意しながら、天気のよい日は戸外で遊ぶ機会を多くし元気に過ごせるようにする。 ○保育士が仲立ちとなりながら、少しずつ友だち同士でかかわって遊べるようにする。
おおむね2歳〜高月齢児	○尿意を感じて伝えたり、保育士の言葉がけでトイレに行き排尿する。 ○衣服の着脱に興味をもち、ボタンやスナップをはずしたり、かけたりする。 ○散歩や戸外遊びを通して、自然にふれたり全身を動かすことを楽しむ。 ○簡単な言葉や身振りで自分の要求を相手に伝えようとする。 ○なぐり描きやひも通しなど、指先を使った遊びを楽しむ。		○自己主張が強くなったり、寒くなってきたことで排泄の失敗が多くなることもあるが、無理強いせず進めていく。 ○自分でしようとしている様子を見守りながら、できない部分の援助をさりげなく行う。 ○身近な自然にふれる機会を多くしたり、危険のないように留意しながら一緒に遊ぶ。 ○伝えようとする気持ちを受け止め、共感しながら返答していく。 ○子どもが自分でやろうとする思いを大切にしながら、ときには保育士もやってみせ、一緒に楽しんで遊ぶようにする。

表13-6は、異年齢保育の年間計画である。この園では、3、4、5歳児を2クラスに分け、1クラス20人前後で異年齢保育をしている。異年齢保育では、同一年齢の保育に増して、個人差や発達過程への配慮と保育の工夫が求められる。

表13-6 異年齢保育年間計画（伊藤, 2010より抜粋）

			Ⅲ期（9～12月）
	目標		部屋のかかわりを深める ・運動会、こども祭りなどの取り組みで「部屋」の仲間意識を深める。 ・やり遂げたことを一人ひとりの自信にする。
子どもの姿と配慮	3歳		まだ、自己中心的なところはありながらも相手の気持ちがわかり、2、3人のごっこが広がる。4、5歳児と一緒の活動ができる。
	4歳		5歳児の姿を憧れとして感じるが、できないことも知り、引いたり逆に頑張ったりの相反する場面が増える。5歳児との交流が増える。
	5歳		運動会、こども祭りなどの取り組みで「仲間」の支えを実感し、集団のなかでの自分に気づく。できた自信で取り組みへの工夫をしたりする。
			新しい仲間関係づくりを広げる。3、4、5歳児の関係が運動会やこども祭りで広がってくるが、どうしたらみんなで楽しくできるか、5歳児らしい知恵と力を発揮できるようにしていく。
	行事		誕生会（個人別）、敬老会（9/17）、運動会（10/10）、芋掘り遠足（10/21部屋）、5歳児交流会（11/未定）、こども祭り（やま11/25、うみ12/6）、クリスマス会（12/17）
集団づくり	魅力的な活動		1つの目的に向かってつくる。
	生活のルール		遊びのとき、「入れて・抜けた」など生活のルールを子どもと確認
	クラス運営	朝の会	5歳児が司会など運営
		グループ	力を合わせるグループづくり 4、5歳児を基本としたグループに3歳児も入る。
		話す聞く活動	5歳児はグループの意見を聞き出しながら、1つのことを決めていく。
遊び	遊び		3歳児も一緒に楽しめる遊びをする。 高鬼・だるまさんが転んだ。
	集団遊び		3歳児も一緒に参加できるルール遊び（花いちもんめのようなもの） 勝敗のある遊びを部屋対抗でするが勝敗にあまりこだわらせない遊びにする（お助けコーナーは大きくつくるなど）。
	劇遊び劇ごっこ・劇づくり		お話の再現遊びを部屋で楽しむ。 お店屋さんごっこ、おかあさんごっこ、お医者さんごっこ、戦いごっこなど、子どもの遊びを広げる。

引用文献

- 赤澤淳子「学ぶとは」坂原明編著『保育のための教育心理学：学ぶよろこび知る楽しさを育てる』ブレーン出版，p.78，2000.
- 後藤秀爾「共に育ちあうクラスの理解」藤山英順監『統合保育の展開』コレール社，pp.104〜105，2002.
- 浜谷直人・五十嵐元子・芦澤清音「特別支援対象児が在籍するクラスがインクルーシブになる過程：排除する子どもと集団の変容に着目して」『保育学研究』第51巻第3号，p.46，2013.
- 伊藤シゲ子「年間を見通した取り組みと各年齢の姿」林若子・山本理絵編著『異年齢保育の実践と計画』ひとなる書房，p.158，p.167，2010.
- かもめ保育園カリキュラム検討会「1歳児 年間指導計画 指導計画月案」今井和子監『0・1・2歳児の担任になったら読む本 育ちの理解と指導計画』小学館，pp.91〜92，2014.
- 明神もと子「ヴィゴツキーの幼児教育に対する貢献について」『釧路論集：北海道教育大学釧路校研究紀要』第36号，p.82，2004.
- 佐久間路子「気質に関する代表的理論」遠藤利彦・石井佑可子・佐久間路子編著『よくわかる情動発達』ミネルヴァ書房，pp.174〜175，2014.
- 保育の友編集部『保育の友増刊号 私たちの指導計画2010 0・1・2歳児』全国社会福祉協議会，pp.104〜105，2010.
- ヴィゴツキー, L. S., 土井捷三・神谷栄司訳『「発達の最近接領域」の理論：教授・学習過程における子どもの発達』三学出版，pp.62〜65，2003.

COLUMN　個別の指導計画

　3歳未満児については個人差が大きいため、個別の指導計画を立てる必要がある。下表は4月におけるFという新入園児を対象とした個別の指導計画の一部である。

（森野美央）

表　個別の指導計画（かもめ保育園カリキュラム検討会，2014より抜粋して一部改変）

	子どもの姿	ねらい	保育者のかかわりと配慮
新入園児F（1歳1か月）	・登園時は、母親と離れると大泣きする。保育者が抱っこすると少し落ち着き、周りの様子を見ている。	・新しい環境や保育者に慣れ、安心して生活する。	・登園時は、同じ保育者が受け入れる。また、不安な気持ちを受け止めて、歌ったり、わらべうた遊びをしたりしてスキンシップを図っていく。
	・食事の際、いすに座ることを嫌がる。保育者が抱っこしても、数口しか口にしない。	・保育園で食事に少しずつ慣れる。	・家庭では、いろいろと食べているようだが、園の食事の雰囲気に慣れるまでは、園では保育者の膝の上に座り、本児の好きな食べ物を中心に進めていく。
	・落ち着いているときは、片言で「いないいないばあ」と言ったり、歌に合わせてからだを動かしたりする。	・保育者とわらべうたや触れ合い遊びを楽しむ。	・わらべうたや触れ合い遊びを1対1で楽しみながらスキンシップをとり、信頼関係を築いていく。

第 14 講

特別な配慮を要する子どもの理解と援助

近年、特別な配慮を要する子どもの増加に伴い、保育現場ではさまざまな支援が求められている。本講ではStep1で、特別な配慮を要する子どもを理解するための基礎的な知識や考え方を学ぶ。Step2では「気になる子どもの姿」の検討や、ICFを活用した支援方法について演習形式で学ぶ。Step3では、法制度等をふまえて、支援の際に保育者として注意すべき点について学ぶ。

Step 1

1. 特別な配慮を要する子どもとは

すべての子どもはさまざまな配慮を必要としているが、なかでも「特別な配慮」とはどのような配慮であり、対象となる子どもはどのような子どもたちだろうか。2018（平成30）年に施行された保育所保育指針、幼稚園教育要領、幼保連携型認定こども園教育・保育要領に記載されている該当箇所を**表14-1**に示した。

表14-1のa・dでは主に障害のある子ども、bは障害のある子どもの保護者、c・eは外国籍等の家庭への対応について記している。

表14-1 指針・要領にみる特別な配慮を要する子どもとその対応

保育所保育指針	a	「第1章 総則」の「3 保育の計画及び評価」の「(2) 指導計画の作成」 キ 障害のある子どもの保育については、一人一人の子どもの発達過程や障害の状態を把握し、適切な環境の下で、障害のある子どもが他の子どもとの生活を通して共に成長できるよう、指導計画の中に位置付けること。また、子どもの状況に応じた保育を実施する観点から、家庭や関係機関と連携した支援のための計画を個別に作成するなど適切な対応を図ること。
	b	「第4章 子育て支援」の「2 保育所を利用している保護者に対する子育て支援」の「(2) 保護者の状況に配慮した個別の支援」 イ 子どもに障害や発達上の課題が見られる場合には、市町村や関係機関と連携及び協力を図りつつ、保護者に対する個別の支援を行うよう努めること。
	c	ウ 外国籍家庭など、特別な配慮を必要とする家庭の場合には、状況等に応じて個別の支援を行うよう努めること。
幼稚園教育要領	d	「第1章 総則」の「第5 特別な配慮を必要とする幼児への指導」 1 障害のある幼児などへの指導 　障害のある幼児などへの指導に当たっては、集団の中で生活することを通して全体的な発達を促していくことに配慮し、特別支援学校などの助言又は援助を活用しつつ、個々の幼児の障害の状態などに応じた指導内容や指導方法の工夫を組織的かつ計画的に行うものとする。また、家庭、地域及び医療や福祉、保健等の業務を行う関係機関との連携を図り、長期的な視点で幼児への教育的支援を行うために、個別の教育支援計画を作成し活用することに努めるとともに、個々の幼児の実態を的確に把握し、個別の指導計画を作成し活用することに努めるものとする。
	e	2 海外から帰国した幼児や生活に必要な日本語の習得に困難のある幼児の幼稚園生活への適応 　海外から帰国した幼児や生活に必要な日本語の習得に困難のある幼児については、安心して自己を発揮できるよう配慮するなど個々の幼児の実態に応じ、指導内容や指導方法の工夫を組織的かつ計画的に行うものとする。

注1：幼保連携型認定こども園教育・保育要領では、第1章に「第2 教育及び保育の内容並びに子育ての支援等に関する全体的な計画等」の「3 特別な配慮を必要とする園児への指導」の項目があるが、幼稚園教育要領に準じるため省いた。
注2：abcdeは解説の便宜上、筆者がつけたものである。

障害のある子どもへの対応

　表14-1のa・dにあるように、指針・要領では、一人ひとりの障害の状態を把握(は)握(あく)し指導内容を工夫する等の対応はもちろん、障害のある子とほかの子どもとのかかわり合いを大切にした互いの発達の促進を重視している。障害のある子どもと活動をともにする経験は、将来障害に対する正しい理解と認識を深めるばかりではなく、社会性や豊かな人間性を身につけるうえでも大切なことであり、すべての幼児にとって意義がある。保育者がそれを意識して障害のある子の保育を指導計画のなかに位置づけることが必要である。また、支援を組織的に進めていくために、園内委員会を設置して、特別支援教育コーディネーターを指名し明確に分掌(ぶんしょう)に位置づけるなど、特別な配慮の必要性や認識を共有しながら連携していくことも大切である。連携先としては、園内関係者だけではなく、保健センター、医療機関、小学校、特別支援学校、児童相談所、児童発達支援センターなどがあげられる。支援を進めていくにあたっては、個別の教育支援計画と個別の指導計画の双方を作成し活用していくことが肝要(かんよう)である。

　個別の教育支援計画は本人および保護者の願いや将来の希望などをふまえ、幼児期から学校卒業後まで長期的な一貫(いっかん)した支援の目標を立て、医療、福祉などの関係機関の支援の内容や役割を明確にしながら作成するものである。小学校には、在園中の子どもの様子や支援内容を伝えるなど、円滑(えんかつ)な接続に活かすことが大切である。また、作成の際には保護者の同意を事前に得るなど個人情報の取り扱いに留意(りゅうい)することが必要である。個別の指導計画は、一人ひとりの子どもの特性や能力に応じて、短期の目標を設定しながら援助の内容や方法を盛り込んだ具体的な計画である。実効性のある支援にするため、Plan（計画）→ Do（実行）→ Check（評価）→ Act（改善）のPDCAサイクルを意識して取り組んでいく必要がある。

障害のある子どもの保護者への対応

　保護者の思いを受け止めて養育に対する不安を軽減したり、わが子の障害を理解できるような配慮をしたりするなど、家庭との連携を密(みつ)にしていく必要がある。そのためには家庭への援助に関する計画や記録を作成するなど、保護者に対する個別の支援も求められる。

外国籍等の家庭への対応

　国際化が進むにつれ、海外から帰国した幼児や外国籍、両親が国際結婚であるな

ど、日本語の習得や日本の習慣になじむことが困難な幼児が増加してきている。**表14-1**のcやeにあるように、幼児が日本の言葉や習慣、園生活などに慣れていくような援助や、安心して自己を発揮(はっき)できるような環境整備の工夫が求められる。また、必要に応じて家庭との連携を図り、保育者自身も園児と関係がある国の文化や生活等に関心をもち、理解しようとする姿勢が必要である。

cでは、「外国籍家庭など」とあるが、ひとり親家庭、貧困家庭などに育つ子どもも、特別な配慮を必要としている可能性が高いことをふまえて対応することが大切である。

2. 特別な配慮とインクルーシブ保育

近年、インクルーシブ保育が叫ばれているが、インクルーシブとは「包み込む」「包括的(ほうかつ)な」という意味であり、障害のあるなしにかかわらず、すべての人を社会のなかで包み込んでいこうとする変革の理念が込められている。2006年の第61回国連総会において「障害者の権利に関する条約」(障害者権利条約)が採択され、2008年に発効した。同条約第24条「教育」の項では、「インクルーシブ教育システム」の理念を提唱している。わが国は2007(平成19)年に、それまでの「特殊教育」から「特別支援教育」への転換を図り、障害のある幼児・児童・生徒一人ひとりの教育的ニーズに応じた適切な指導と必要な支援が求められるようになった。同年9月に障害者権利条約に署名(しょめい)し、必要な法令の国内整備を経て、2014年に批准(ひじゅん)した。これによって、インクルーシブ教育・保育のいっそうの推進が、国の内外から求められているところである。

3. 特別な配慮を要する子どもを理解する方法

特別な配慮を要する子どもを理解する際にはアセスメント(評価・査定)の視点が必要である。その際、子どもの状態を理解する手がかりとしてICF(国際生活機能分類)が有効となる。ICFは2001年に世界保健機関(WHO)で採択され、それまでのマイナス面をみる障害分類から、生きることのすべてをとらえた障害理解の枠組みへと転換されたモデルである(**図14-1**)。

図14-1は、人間の生活機能を「心身機能・身体構造」「活動」「参加」の3つの要素に区分し、またこれらが「健康状態」「環境因子」「個人因子」と相互に影響し合っている様子を示している。

Step1 レクチャー

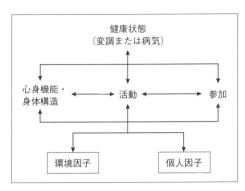

<ICF構成要素の定義>
・心身機能…身体系の生理的機能（心理的機能を含む）
・身体構造…器官・肢体とその構成部分などの、身体の解剖学的部分
・機能障害…著しい変異や喪失などといった、心身機能または身体構造上の問題
・活動…課題や行為の個人による遂行
・活動制限…個人が活動を行うときに生じる難しさ
・参加…生活・人生場面へのかかわり
・参加制約…個人が何らかの生活・人生場面にかかわるときに経験する難しさ
・環境因子…人々が生活し、人生を送っている物的な環境や社会的環境、人々の社会的な態度による環境を構成する因子

図14-1 ICFの構成要素間の相互作用の図（厚生労働省社会・援護局障害保健福祉部, 2002より）

事例

多動傾向のあるA君
・多動傾向を指摘されたことがあるが、専門機関を受診していない。
・思いどおりにならないとかんしゃくを起こしたり、保育室から飛び出すことが多い。
・いっせいの指示を理解することが困難である。
・物をこわしたり相手をたたいてしまうことがあるため、友だちとのトラブルが多い。
・集団行動や行事への参加が苦手で、登園を嫌がることが多い。
・母親はA君の育てにくさを感じている。

図14-2は、A君がおかれている状況を活動や参加の面から把握し、適切な支援の手立てを検討したものである。図式化によって子どもを多面的にとらえることが可能となり、個別の教育支援計画などを作成する際に、関係機関が共通理解をするための道具ともなりうる。ICFの活用は、子どもの生活全体を見直し、その質を向上させるのに役立つのである。

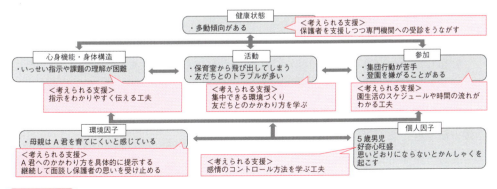

図14-2 ICFのモデルを活用したA君への支援

Step 2

> **演習1** 「気になる子ども」とは、どのような子どもの姿であるかを考えてみよう

課題

① KJ法を参考にして課題の検討方法を体験する。
② 保育現場で「気になる子ども」を見守る意味と、その後の対応の必要性について理解する。
③ 保育者間での情報共有や、連携して支援することの大切さを実感する。

進め方

（1）準備するもの

付箋（ふせん）75mm×25mm（7～8枚×人数分）、模造紙（もぞうし）（グループの数の枚数）、赤黒のペン（グループの数の本数）、必要に応じてカラーペンや吹き出しの付箋等。

（2）方法

① 気になる子どもの姿を考える

　付箋を1人7～8枚配布し、保育者からみて「気になる子ども」の言動を想定し、思いついたことを付箋1枚に1つずつ書く。「好きなだけ書いてもよい」と提示するよりも、枚数を限定したほうが、皆（みな）が同じ条件になるので話し合いがしやすくなる。

② カテゴリーに分ける

　グループ（6～7人）に分かれて、付箋を出し合い全員でながめる。共通したものや類似したものに分けていくつかのまとまりをつくり、それぞれのカテゴリーに名前をつける。

③ 子どもの気持ちを考える

　分類したカテゴリーを子どもの視点からながめた場合、本人はどのように感じているだろうか。カテゴリーごとに子どもの気持ちを模造紙に書き込んでいくことで、保育者の視点だけではなく、気になる言動をする子どもの視点に立った支援方法を考える。

④ 支援方法を考える

　分類したカテゴリーごとに、子どもに対して、どのような支援が必要かについて考える。保育者の視点と子どもの視点、双方の立場からどのような配慮が必要

Step2 プラクティス

かを考える。図14-3に検討例を示す。

⑤ 振り返りを行う

それぞれのグループの発表を聞き、演習を通して感じたことや保育で活かせること等を話し合う。レポート提出でもよい。

解説：特別な配慮を必要とする子どもと気になる子ども

保育者はさまざまな場面で「特別な配慮を要する子ども」に出会う。入園前に障害判定を受けていたり保護者からの情報提供や配慮の申し出があることもあれば、入園後保育者が気づくということも少なくない。後者の場合、保育者には気になる存在として映るため、「気になる子ども」として表現されることも多い。

本郷ほか（2003）は、気になる子どもの特徴として「対人的トラブル」「落ち着きのなさ」「状況の順応性の低さ」「ルール違反」等をあげている。「気になる子ども」とはあいまいな表現ではあるが、特別な配慮が必要な子どもを発見するには、このあいまいさがメリットになる。

「気になる子ども」を見守って保育していくと、成長とともに気にならなくなることがある一方で、他児との発達の差が明らかになってくる場合もある。保育場面での「気づき」をていねいに省察し、「気にかけ続ける」ことで、「特別な配慮」のニーズを把握することができ、さらにはその支援の手立てを探ることが可能となる。このように「気になる子ども」という視点をもって子どもを観察することは、メリットが大きい一方で、デメリットもある。特に問題のない言動でも、逸脱行動としたり、気になる子どもをすぐに障害のある子どもととらえてしまったりする弊害があることも理解しておかなければならない。

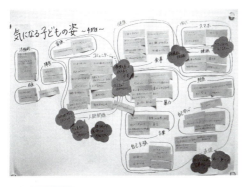 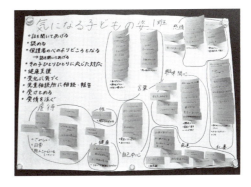

図14-3 「気になる子どもの姿」の検討例

演習2　ICFを活用して支援方法を検討してみよう

課題

① Step 1で学んだICFの活用方法を理解する。
② ICFを使って子どもがおかれている状況を深く理解するための手がかりを得る。

進め方

（1）準備するもの

事例（適宜事例を変更してもよい）、ICFを活用した特別な配慮についての検討シート（図14-4）×グループの枚数（適宜拡大コピーするなどして使用）

（2）方法

① 事例の内容を皆で共有した後、5～6人のグループに分かれる。
② 事例から得られた情報を、「健康状態」「心身機能・身体構造」「活動・参加」「環境因子」「個人因子」に分類してみる。
③ それぞれのカテゴリーに対して、考えられる支援（支援者や支援方法）を考える。

事例

B君（5歳児男児）

B君は、自閉症の傾向があると言われたことがあるが、療育手帳は取得していない。こだわりが強く、思いどおりにならないときや騒がしい場面では、友だちをたたいたり、大声を出したりするなど、パニックを起こすことがある。保護者はB君が友だちをたたかないか心配しているが、専門機関に行くことに関して消極的である。B君の祖母が協力的で、送迎の際には積極的に保育者に話しかけてくる。当初は、B君にかかわろうとする友だちもいたが、度重なるパニックを通して、「またB君が○○した」「B君怖い」などの言葉がささやかれ、その数が減ってきている。絵本の読み聞かせの場面では、B君は途中で保育室から出ていってしまうことが多い。細かい作業は好きで、製作などは集中して行うことができる。

解説

池本（2015）は、ICFを学校現場で活用するメリットを示しているが、これを保育現場におきかえると以下のようになる。①障害だけをみるのではなく、子どもの全体像から障害を考える、②「できないこと」が障害だけによるものではないことを理解する、③「園内」だけで問題を解決しようとするのではなく、広い視野で考える、④診断名だけで判断したり、子どもへの「レッテル貼り」をしたりしない、⑤保育者の側に子どもをそのまま受け入れるという気持ちの余裕が生まれる。

ICFの活用は、当該の子どもの最善の利益にかなうだけではなく、支援者の視野を広げるためにも有効である。

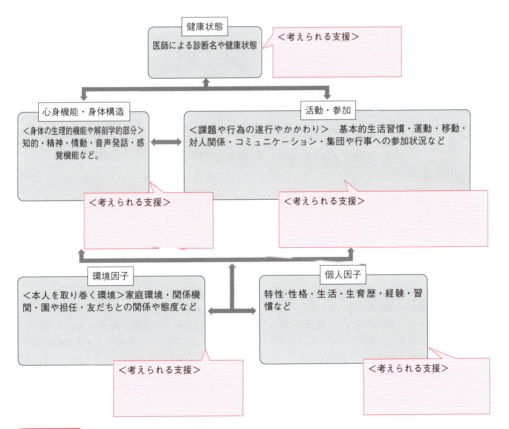

図14-4　ICFを活用した特別な配慮についての検討シート（厚生労働省社会・援護局障害保健福祉部，2002より）

注1：ICFの構成要素間の相互作用の図と第1、第2レベルまでの分類を参考に作成。
注2：ICFでは、活動と参加を別個に記載しているが、それを合体させた。

Step3

1. 理解されにくい子どもへの配慮と援助

　発達が気になる子どものなかには、感覚過敏や鈍麻によって過剰反応が起こるため、結果として落ち着かなかったり、パニックになったり、不安傾向が強くなったりする子もいる。また、保育者や周囲からみて困った言動が気になる場合、背景には愛着の問題が隠れていることがある。表14-2に愛着に課題をかかえている子どもを発見するためのチェックポイントを示した。

　表14-2の特徴は、愛情の求め方や受け取り方が特異であるため、周囲がかかわりにくさを感じ理解されにくい子どもたちの姿でもある。叱責の対象になりやすい言動をするが、叱るだけでは自尊感情を低下させ、さらに不適切な行動を繰り返すといった悪循環を引き起こしてしまう。米澤（2013）は、愛着障害児は愛情の受け止め方や感じ方も学んでいないので、その支援をする必要があるとし、早い発達段階で対応すれば効果は大きく回復も早いが、不適切な対応が後に思春期・青年期の問題として顕在化したとき重症化する傾向があると述べている。また、愛着の基盤を再構成するにはわかりやすい枠組みの形成が必要であるとし、その支援方法を提示している（米澤, 2014b）。例として、①キーパーソンを軸とした1対1の関係の構築、②行動ではなく意図を受け入れるなどの受容による信頼関係の構築、③気持ちに名前をつけるなどの気持ちの受け止め方の支援、④何をするとどんないいことがあり、どんな気持ちになるかなどの振り返り支援、⑤求めに応ずるのではなく、先手を打った対応などが示されている。保育者や保護者が対応に困る子ほど、本人が生きにくさをかかえている度合いは高いといってもよいだろう。幼児期にて

表14-2 愛着障害発見のチェックポイント（米澤, 2014a より抜粋）

ものをさわりまくる、ものを独占して貸せない／ものをなくす（大事にできない）／大事なものと思えないものは乱雑に扱い壊す／ものを力任せに押しつける、投げる等／人にべたーと抱きついたりまとわりついたりする（アンビバレントな場合は同時に攻撃も）／服装の乱れ、遺糞、遺尿、お尻ふきやトイレの後始末をしない／痛がらない／かみつく、指を口に突っ込む／腕なめ、ものや人をなめる／がっつき食い／手の指が伸びきらなかったり伸縮しない、ぎこちない／多動や意欲にむらがある／1対1だと比較的大人しい／片づけできない、しようとする気持ちが生まれない（ADHDの本当にできないと違う）、片づけの支援をしても壊したり、乱雑に押し込む／靴や靴下を嫌う（知覚過敏によるASDと違うのは、束縛を嫌い、安心を知らない）／危険な行動をする、高い所に登る（ASD児でもそこが好きで、することあり）／忘れ物をする（ADHDは実行機能の問題だが、忘れても平気、なくてもいいと正当化する）／発言は自信なさげ／自分から建設的なことをしない／渡されたものを落とす／伏し目がち、顔がゆがむ／注意すると暗い顔になったり、反抗する／注意されると咳き込む等の身体症状／注目されたい行動／わざと友だちにいじわるをする、愛情試し行動／自分のせいにされることを恐れる（問われてもいないのに自分ではないと抗弁）／うそをつく／自己正当化（人のせいにする）

いねいに支援していくことが、人間関係の基盤を育むうえで大変重要である。

2. 特別な配慮と合理的配慮

インクルーシブ保育を語るうえで、「合理的配慮」という用語はキーワードであるが、障害者の権利に関する条約の定義（第2条）において以下のように定義されている（下線は筆者による）。

> 「合理的配慮」とは、障害者が他の者と平等を基礎として全ての人権及び基本的自由を享有し、又は行使することを確保するための必要かつ適当な変更及び調整であって、特定の場合において必要とされるものであり、かつ、均衡を失した又は過度の負担を課さないものをいう。

2016（平成28）年4月にわが国で施行された「障害を理由とする差別の解消の推進に関する法律」（障害者差別解消法）では、障害のある人に対して、正当な理由なく、障害を理由として差別することを禁止しており、行政や事業所の義務や責任についても明記している（下線は筆者）。

> （事業者における障害を理由とする差別の禁止）
> 第8条　（略）
> 2　事業者は、その事業を行うに当たり、障害者から現に社会的障壁の除去を必要としている旨の意思の表明があった場合において、その実施に伴う負担が過重でないときは、障害者の権利利益を侵害することとならないよう、当該障害者の性別、年齢及び障害の状態に応じて、社会的障壁の除去の実施について必要かつ合理的な配慮をするように努めなければならない。

保育所や幼稚園は、障害のある子の保護者から「社会的障壁の除去」を求められたとき、「合理的配慮を提供」する努力義務があり、「合理的配慮」の否定は、障害を理由とする差別に含まれるということを念頭においておかなければならない。どこまでが「合理的配慮」で、どこからが「均衡を失した又は過度の負担」にあたるのか、それは個々の園の事情によっても違うが、子どもへの支援計画は合理的配慮の観点からも検討を重ね、各園で共通理解を図っておく必要がある。

また、保護者対応の際、保育者として気をつけるべき点がある。内閣府障害者施策担当（2017）の「合理的配慮の提供等事例集」によると、「先例がありません」「特別扱いできません」「もし何かあったら」「その障害種別ならば」などの発言を、対話の際に避ける言葉の具体例として示している。

引用文献

- 厚生労働省社会・援護局障害保健福祉部『国際生活機能分類――国際障害分類改定版（ICF）』p.9, p.17, 2002.
- 本郷一夫・澤江幸則・鈴木智子・小泉嘉子・飯島典子「保育所における「気になる」子どもの行動特徴と保育者の対応に関する調査研究」『発達障害研究』第25巻第1号, p.53, 2003.
- 池本喜代政『特別支援教育のためのICF支援シート活用ブック――子ども理解と支援のために』モリモト印刷, pp.29〜30, 2015.
- 国立特殊教育総合研究所・世界保健機関編著『ICF（国際生活機能分類）活用の試み――障害のある子どもの支援を中心に』ジアース教育新社, p.83, p.84, p.88, 2005.
- 内閣府障害者施策担当「障害者差別解消法【合理的配慮の提供等事例集】」p.77, 2017.
- 米澤好史「愛着障害・発達障害への「愛情の器」モデルによる支援の実際」『和歌山大学教育学部紀要』第63巻, pp.2〜3, p.5, 2013.
- 米澤好史「愛着障害・社交障害・発達障害への「愛情の器」モデルによる支援の展開と意義――愛着修復プログラムと感情コントロール支援プログラムの提案」『和歌山大学教育学部紀要』第64巻, pp.11〜12, 2014a.
- 米澤好史「愛着障害・社交障害・発達障害への「愛情の器」モデルによる支援の効果――愛着修復プログラム・感情コントロール支援プログラムの要点」『和歌山大学教育学部教育実践総合センター紀要』第24巻, p.23, 2014b.

COLUMN　特別な配慮を要する子どもの支援体制

　特別支援教育体制整備状況調査（2017（平成29）年度）の結果（図）によると、小学校においては「校内委員会」の設置や「特別支援教育コーディネーター」の指名などの支援体制は100％近く整備され、「個別の指導計画」や「個別の教育支援計画」の作成についても、取り組みが進んでいる。一方で、幼稚園や認定こども園に関しては、いずれも6〜7割程度にとどまっている。

（三木美香）

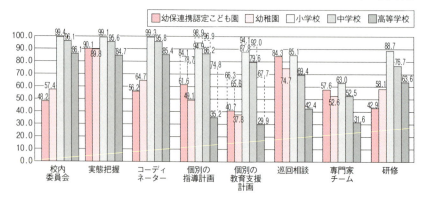

図　特別支援教育の現状――国公私立学校における支援体制の整備状況・課題（平成29年度）

注：点線箇所は、作成する必要のある該当者がいない学校数を調査対象校数から引いた場合の作成率を示す。
資料：文部科学省「平成29年度特別支援教育体制整備状況調査結果について」p.10

第15講

発達の連続性と就学への支援

本講では、就学前教育・保育から小学校教育へ移行する幼小接続期を取り上げ、発達と学びについてその段差やなめらかにつなぐ取り組みを考える。Step1 では、発達と学びの連続性と、幼児期の終わりまでに育ってほしい姿について解説し、子どものとまどい、保育者・教師や保護者の援助を取り上げる。Step2 では、育ちと学びをつなぐ保幼小連携と接続期カリキュラムについて考える。Step3 では、学童保育と海外の幼小接続期について紹介する。

Step 1

1. 幼小接続期における子どもの発達と学びの連続性

学びの芽生えから自覚的な学びへ

　幼児期から児童期への発達の連続性を保障するためには、保育者と小学校教師がともに幼児期と児童期の発達の流れを理解し、長期的視点からとらえることが大切である。また、指導要録や保育要録、就学支援シート、連絡会や個別の面談などを通じて、一人ひとりの育ちをつないでいくための連携が求められている。

　一方、学びの連続性については、幼児教育と小学校教育における学びの違いをどのように解消し、より連続的な学びにするかが課題となっている（酒井・横井, 2011）。2010（平成22）年11月に報告された「幼児期の教育と小学校教育の円滑な接続の在り方について（報告）」では、幼児期と児童期の教育の連続性・一貫性が強調され、幼児期と児童期の教育の目標は「学びの基礎力の育成」であり、幼児期の「学びの芽生え」の時期から、児童期の「自覚的な学び」の時期への円滑な移行が重要とされている。また、子どもたちに基本的な生活習慣が身についておらず、自制心や耐性、規範意識が十分に育っていないなどの課題が指摘され、教師の話が聞けずに授業が成立しないなどの「小1プロブレム」が取り上げられ、保育者と小学校教師が課題を共有し、解決に向けて連携していくことが求められている。

幼児期の終わりまでに育ってほしい姿

　これらの状況を鑑み、さまざまな自治体等で接続期カリキュラムが作成され、実践されるようになった（品川区、横浜市、鳴門教育大学附属幼小、お茶の水女子大学附属幼小など多数）。2017（平成29）年3月には、幼稚園教育要領、保育所保育指針（以下、保育指針）、幼保連携型認定こども園教育・保育要領、小学校学習指導要領が改訂（定）され、幼小接続はいっそう重視されている。「幼児期の終わりまでに育ってほしい姿」が新たに提示され、具体的な子どもの姿を共有することが求められている。「幼児期の終わりまでに育ってほしい姿」とは、「健康な心と体」「自立心」「協同性」「道徳性・規範意識の芽生え」「社会生活との関わり」「思考力の芽生え」「自然との関わり・生命尊重」「数量・図形、標識や文字などへの関心・感覚」「言葉による伝え合い」「豊かな感性と表現」にかかわる具体的な姿であり、保育者・教師が指導を行う際に考慮するものである。5領域をふまえているが、5歳児後半の育ちや学びの姿がみえにくいため、小学校教師や保護者等の理解をうながし、より意味ある幼小接続を推進する視点から提示されている。

Step1 レクチャー

　国際的な潮流としても、OECD（2017）の *Starting Strong V* でテーマとして取り上げられるなど、幼小接続期が注目されている。子どもと保護者の新たな環境移行をサポートする視点から、質の高い就学前教育・学校教育カリキュラム、入学に向けての特別プログラムが着目される一方、就学前教育の学校化への懸念も指摘されている。

2. 幼小接続期の子どもと保護者を支える

子どものとまどいと教師の工夫

　小学校に入学した子どもたちは、園生活と異なる学校生活に対して、さまざまなとまどいを体験する。一人での登校や荷物の多さ、新しい教師とたくさんの仲間・上級生、教師の対応、学校の大きさ、和式トイレ、遊ぶ時間や遊具の少なさ、一番下になる立場の変化などである。また、幼児教育と小学校教育との段差として、遊びや生活を中心とした学びと時間割をもとに展開される各教科を中心とした学習があげられる。小学校ではチャイムや時間割にそって生活し、基本は45分間の授業を着席して受け、休み時間も限られ遊ぶ時間も少ないため、慣れない学校生活にとまどいや疲れ、不満を感じている様子が観察される。

　子どものとまどいへの配慮として、小学校ではチャイムをあくまでも目安としてとらえ、子どものペースに合わせて15分程度の活動を組み合わせて授業が構成されている。教室内の工夫として、机を後ろに寄せて前方に空間をつくると、絵本の読み聞かせなどに活用できる。絵本や図鑑、工作素材、ブロックなどを置いたコーナーを設置すると、休み時間に子どもたちが安心して過ごせる居場所となる。絵本やブロックのコーナーにはカーペットを敷いて、くつろげるようにしてもよい。

　保育所や幼稚園等では、ふだんの生活や活動を通して、クラスで話し合いをするなど、人の話を聞く機会や自分の考えを発表する機会を増やしたり、クラスの仲間と１つの目的に向かって協同して活動する機会を設けたりすることが実践されている。時間や一日の流れを意識して生活するように予定を時計の模型とともに示したり、昼寝の時間を減らしたりするなど生活面での配慮が行われている。

保護者の不安・心配

　幼小接続期には保護者も不安を感じている。小学校１年生の保護者を対象に、小学校入学から７か月経過した11月に「小学校入学での不安と現在の不安」について

質問紙調査したところ、入学前には、小学校で新たに体験する一人での登下校や授業全般、友だちや先生などが上位にあがっていた（掘越・久田，2010）。入学前と11月で比べると、全体的に11月のほうが不安は低くなったが、身の回りの整理整頓のみ、変わらず不安のままだった。11月も少し不安なのは授業全般と勉強であり、保護者の関心が徐々に生活面から勉強面へと移っていることがうかがわれる。

　入学前後は保護者の不安をやわらげるように、保育所や幼稚園、認定こども園、小学校で協力してこまめに情報提供する通信を出したり、直接不安や質問に応じるミニ懇談会を行ったりする等の保護者支援が今後重要となるだろう。

3. 幼小接続期におけるさまざまな連携——要録と就学支援シート

保育者と教師の連携：要録

　幼稚園や保育所、認定こども園での育ちと学びを小学校へつなげるため、「指導要録」「保育要録」「こども要録」を送付することが義務づけられている。

　「幼稚園幼児指導要録」の小学校への送付は、以下のように定められている。

> **学校教育法施行規則**
> **第24条**
> ②　校長は、児童等が進学した場合においては、その作成に係る当該児童等の指導要録の抄本又は写しを作成し、これを進学先の校長に送付しなければならない。

　2008（平成20）年の改定により送付が義務づけられた「保育所児童保育要録」は、2017（平成29）年に改定された保育指針のなかで、以下のように示されている。

> **保育所保育指針**
> 「第2章　保育の内容」の4「(2)　小学校との連携」ウ
> 　子どもに関する情報共有に関して、保育所に入所している子どもの就学に際し、市町村の支援の下に、子どもの育ちを支えるための資料が保育所から小学校へ送付されるようにすること。

　要録の内容として、「保育所児童保育要録」（保育に関する記録）では、「保育の過程と子どもの育ちに関する事項（最終年度の重点、個人の重点、保育の展開と子どもの育ち、特に配慮すべき事項）」と「最終年度に至るまでの育ちに関する事項」について、子どもに関する情報を共有し、子どもの育ちを支えるための資料として作成される。「幼稚園幼児指導要録」（指導に関する記録）は、1年間の指導の過程

とその結果を要約し、次の年度の適切な指導に資するための資料であり、「指導の重点等（学年の重点、個人の重点）」「指導上参考となる事項」を記入するものである。どの要録も、最終年度は、特に小学校等における児童の指導に活かされるよう、「幼児期の終わりまでに育ってほしい姿」を活用して幼児に育まれている資質・能力をとらえ、指導の過程と育ちつつある姿をわかりやすく記入することが求められる。要録のほかに、小学校の教師と保育所や幼稚園等の保育者が集まって、指導上配慮の必要な子どもについて話し合う「連絡協議会」などが行われている。

保育者と教師と保護者との連携：就学支援シート

　園生活で配慮の必要な子どもが就学する際、小学校でも個別の支援を継続するため、保育者、小学校教師、保護者、さらに学童保育や専門機関との連携が求められている。東京都八王子市等で実施している「就学支援シート」では、生活習慣、言語、集団生活、学習活動等、さまざまな場面で個別の支援を必要とする子どもへの対応として、小学校でゼロから取り組むのではなく、必要な情報を伝達して、子どもや保護者の不安や負担を軽減することがめざされている（八王子市保・幼・小子育て連絡協議会、2018）。「就学支援シート」の利点は、以下の4点である。

① 文書によって伝えることで、保育所・幼稚園等からどんな情報が小学校に伝わるのか、保護者も内容が確認できる。小学校担任だけでなく、保護者も現状や支援の内容を理解できる。
② 共通書式で提出することにより、小学校は複数の保育所・幼稚園等からの情報を読み取りやすく、情報交換の際もポイントを整理しやすい。
③ 指導要録・保育要録よりも早い時期に小学校へ届くため、クラス編成や担任の配慮、園への事前見学等、入学前の具体的な活用が可能になる。
④ シートの提出により、小学校、保護者、保育所・幼稚園等がその子どもへの具体的な支援について話し合うきっかけになる。

　園と小学校等が子どもの個人情報を交換するには、保護者の了解が必要であるが、それ以前から園が子どもへの支援内容について保護者に伝えて理解を求めることが大切である。

　就学支援シートを活用することで、配慮を必要とする子どもたちへの支援が、保育所や幼稚園等から、小学校、学童保育へと、その子に合った形で継続されることが重要であり、今後、より多くの自治体での実施が望まれる。

Step2

演習1　接続期カリキュラムについて調べよう

課題

　自治体等で作成された接続期カリキュラムを複数集めて、どのような共通点や相違点があるか、「幼児期の終わりまでに育ってほしい姿」と関連する内容があるか、取り上げられていない姿はあるかを検討する。

進め方

（1）準備するもの

　スタートカリキュラム等の接続期カリキュラムに関する書籍等

（2）方法

① グループに分かれ、インターネットで幼小接続や接続期カリキュラムに関する書籍や用語を検索して収集する。

② 書籍やダウンロードしたものから1つを選ぶ。グループ内で担当箇所を決めて読み合い、特徴や接続期に重視している点、「幼児期の終わりまでに育ってほしい姿」と関連する部分などを発表資料としてまとめる。

③ グループごとに発表して全体で共有し、それらの共通点や相違点、改善するとよい点について意見を出し合う。

解説

保幼小連携と接続期カリキュラム

　保幼小連携には、「子ども同士の交流」「教師・保育者同士の交流」「カリキュラムの接続」がある（無藤ら，2009；無藤，2011）。「保幼小交流」のポイントとして、秋田（2002）は以下の4点をあげている。①互恵性（双方に意味のある関係であること）、②継続性（交流会の回を重ねることで、幼児は主体性を発揮し、教師同士も理解が深まる）、③名づけ合う関係性（顔が見えて、名前をわかり合える関係となることで、幼児の小学校への不安を軽減する）、④物語り性（交流が何を生み出したか、そのプロセスをとらえ、次の交流をデザインすること。子どもの姿、出来事の見方や解釈を語るなかで次を構想する）。これらは、交流を単発のイベントで終わらせず、保幼小で協力して進めていくための視点である。また、交流等を保幼小の年間指導計画へ位置づけることは、継続的な連携体制を整えることになる。

子ども同士の交流

保幼小交流は、幼児と1年生、幼児と5年生などの組み合わせで、幼児も一緒に活動するような交流内容が望ましい。幼稚園や保育所等の子どもたちは、上級生や先生と顔見知りになることで小学校への不安が軽減し、期待や憧れを抱く。小学校の子どもたちは、幼児と接することで相手を思いやり、親切に教える姿がみられ、自分の成長を感じるよい機会となるだろう。

教師・保育者同士の交流

幼稚園や保育所等の保育者と小学校の教師が集まって話し合う機会を設け、互いの事例（トラブルや遊び、授業場面）などを一緒に検討し、相違点と共通点を確認する。違いを認め合い、互いに歩み寄れるとよい。また、互いの保育や授業を、ねらいや見てほしい視点も知らせて参観・参加し、その後話し合いの機会をもつことは有効である。子どもの実際の姿を通して、子どもの行為から思いを読みとり、援助や指導を振り返るなかで、互いの理解を深めることができるからである。交流会はそのよい機会となる。もし授業や保育を参観できない場合も、互いの校園を訪問し合うとよいだろう。

カリキュラムの接続：アプローチカリキュラムとスタートカリキュラム

2017（平成29）年に改訂された小学校学習指導要領の「第1章 総則」には、「特に、小学校入学当初においては、幼児期において自発的な活動としての遊びを通して育まれてきたことが、各教科等における学習に円滑に接続されるよう、生活科を中心に、合科的・関連的な指導や弾力的な時間割の設定など、指導の工夫や<u>指導計画の作成を行うこと</u>」（下線筆者）と明記され、スタートカリキュラムの作成が求められている。国立教育政策研究所教育課程研究センター（2018）の『発達や学びをつなぐスタートカリキュラム』では、基本的な考え方として、「一人一人の児童の成長の姿からデザインする」「児童の発達の特性を踏まえて、時間割や学習活動を工夫する」「生活科を中心に合科的・関連的な指導の充実を図る」「安心して自ら学びを広げていけるような学習環境を整える」の4点をあげている。これらを全教職員で共通理解し、協力体

スタートカリキュラムでの環境構成、畳マット、絵本、積木、カードゲーム

図15-1 安心安定できるスペース（4月）

制を組んで取り組み、実施状況を共有して評価し、時期をとらえて反省・検証・改善することが必要である。一方、保育所や幼稚園等では、小学校へ無理なくつながっていくように、協同的な活動や話し合いなどの教育・保育内容を工夫したり、小学校との交流活動（一日体験入学、給食体験など）を組み込んだりしている（アプローチカリキュラム）。これらの接続期カリキュラムの作成・実践・改善には、自治体の支援や研修実施も大きく影響する。合同研修等で「幼児期の終わりまでに育ってほしい姿」をもとに話し合う機会を設け、実際の5歳児や1年生の姿をふまえてスタートカリキュラム等の接続期カリキュラムを検討することが求められる。

演習2　幼小交流事例から学ぼう

課題

　これから紹介する事例は、併設のT幼稚園とT小学校の交流事例である。この幼稚園と小学校では、交流会だけでなく、休み時間を利用した交流が行われている。事例を読んで、幼児と小学生は、どのようなことを学んだり、感じたりしているか、継続して交流することで、どのように変化しているかについて話し合おう。また、保育者と小学校教師がどのように連携しているか、予想してみよう。

進め方

（1）準備するもの
　筆記用具（ピンク、黄色、水色の色ペン）

（2）方法

① 　事例1から事例3を読み、幼児に関する部分（ピンク）、小学生に関する部分（水色）、保育者や教師に関する部分（黄色）に色分けする。

② 　グループになって、該当部分で幼児や小学生がどのようなことを学んだり、感じたりしているかについて話し合い、それぞれ記入する。幼児と小学生とのかかわりがどのように変わってきているかについても確認する。

③ 　保育者や教師に関する部分などから、保育者と教師がどのように連携をしているかを予想して話し合う。

事例1　10月17日：3年生・1年生・5歳児
　1年生からドッジボールを誘いにきた。前日、幼稚園で転がしドッジボールをしたことも

Step2 プラクティス

あり、喜んで参加する幼児が増えている。幼児も以前よりボールを取りに行ったりキャッチしたりできるようになっている。小学生は、ボールが当たっても外野に行かないなどルールを理解できていない幼児の行動を受け入れている。1年生は小学生をねらうときは本気でボールを投げ、慣れている幼児にも強く投げているが、そうでない幼児には優しく投げている。

事例2　10月22日：1年生・5歳児

運動場で1年生が体育をしている。1年担任が「今日はどうする？」と尋ねると、1年生が「幼稚園とドッジボールの試合がしたい」と言って、幼児を誘いにいく。ちょうど来園していた他園の5歳児も参加して全員でドッジボールをする。その結果、幼稚園チームの人数が多かったこともあり、残った人数が多く、幼稚園チームが勝つ。1年生はとてもくやしがって「次は絶対勝つ」と話し、幼児は憧れの1年生に勝てたことを喜ぶ。

事例3　12月5日：1年生・5歳児

保育者が、小学校の休み時間に一緒に遊ぶことを伝えると、幼児は「ドッジボールする人、この指とまれ」と楽しみにする。外に出ると保育者と一緒に線を引き、中休みのチャイムが鳴るのを待っている。中休みになって1年生が出てくると、早速ドッジボールが始まる。小学生は幼児にも強いボールを投げるようになっている。幼児は自分も強く投げて当てたい、うまく逃げたい気持ちが大きいようだ。ルールもわかり、幼児は「線出てる！」と指摘したり、1年生も幼児に「こっちのボール」とはっきり伝えたりして、ほぼ対等に対戦する。

解説

幼児には小学生への親しみや憧れを、小学生には幼児への親しみや思いやり、幼児に対するプライドが感じられる事例である。継続的にかかわることで、ともに楽しむ関係へと変化している。どちらも育ち合う互恵的な交流である。また、保育者と小学校教師も、日常から「誘いにいくかもしれない」「こんな姿が見られた」などの情報交換をしていることがうかがわれる。

どんぐりこま「こうやって回したらいいよ」

図15-2　幼小交流会

Step3

1. 放課後児童クラブ（学童保育）との連携

　幼小接続期を取り上げる場合、「放課後児童クラブ（学童保育）」についても考える必要がある。放課後児童クラブとは、共働き家庭など留守家庭の小学校に就学している児童に対して、学校の余裕教室や児童館、公民館などで放課後等に適切な遊び、生活の場を与え、その健全育成を図るものである。対象年齢は2015（平成27）年4月から「おおむね10歳未満」から「小学校に就学している」児童となった。放課後児童クラブの足らない地域では、保育所等に通っていた子どもたちが小学校入学の際、保育所に代わる場を確保できず、親が仕事を続けにくい、いわゆる「小1の壁」が生じている。放課後児童クラブの量的拡充は課題であるが、質の向上も同時にめざす取り組みが国レベルで行われている。2014（平成26）年に「放課後子ども総合プラン」が策定され、国は平成31年度末までに放課後児童クラブについて約30万人分の受け皿を新たに整備し、全小学校区で一体的または連携して実施する目標を立てている。さらに、運営の多様性をふまえつつ、放課後児童クラブにおいて集団のなかで子どもに保障すべき生活環境や運営内容の水準を明確化することで、事業の安定性と継続性を確保するため、厚生労働省は2015（平成27）年に「放課後児童クラブ運営指針」を策定した。

　保育所等に通っていた子どもの多くは、小学校入学とともに学童保育にも入所するが、小学校入学より早い時期から学童保育で過ごす場合も多い。よりなめらかに接続するために、保護者との連携はもちろん、保育所等と学童保育と小学校との連携が必要である。東京都社会福祉協議会の調査（2015（平成27）年）では、学童保育を利用する1、2年生の保護者1011人のうち、36.7％が「学童保育に慣れるまでに大変なことがあった」としている。「保育所より短い開所時間」「保育所との違いへのとまどい」「生活の変化に伴う疲れ」「上級生とのかかわり」などが主な理由であった。また、「学童保育に慣れるまでにあってよかった支援」としては、「情報の引き継ぎ」「事前の学童保育体験」「入所当初の保育所と同じような過ごし方」などがあげられた。なめらかな移行への支援の様子がうかがわれるが、今後さらなる連携や支援が期待される。

2. 海外の幼小接続──デンマークの場合

　デンマークでは、就学前の保育・教育を子どもジェンダー社会省（The Ministry of Children, Gender Equality, Integration and Social Affairs）が管轄している。小

学校入学前の1年間（0年生）は教育省（The Ministry of Education）の管轄である。デンマークの教育制度では、公立の小中一貫の国民学校（Folkeskole、義務教育9年間）の上に普通高等学校と職業別専門学校、その上に多数の高等教育機関（大学、上級専門学校（ペタゴー（Pædagog）養成校等））がある。0年生と国民学校が義務教育であり、期間は10年間である。義務教育修了後、任意で1年間（10年生）継続することもできる。

デンマークの就学年齢は7歳であるが、ほとんどの6歳（99％）が国民学校に設置された幼稚園学級へ通っていた実態から、2009年から0年生を義務教育化した。0年生には5〜7歳の子どもが在籍しており、成長に合ったサポートを重視している。教育期間は、8月第2週から6月最後の金曜までの40週である。朝8時ごろからの午前授業で、14時ごろには学童保育（SFO）へ移動する。0年生は8月から始まるが、3〜5月から国民学校に併設された学童保育へ通う自治体もある。

国民学校では教員が担任するのに対し、0年生はデンマークの保育者にあたるペタゴーが担任となる。0年生については、国民学校の教員も参加・連携している。1クラス最大28名であり、教育省から教育内容6項目が示されている（**表15-1**）。決められた指導方法や教材はなく、ペタゴーが教育内容や教材を選択する。デンマークの保育が「遊びを通して学ぶ」ことを重視していることを受け、0年生でも「遊びながら学習の準備をする」ことを大切にしている。社会的スキルの育成も重視している。なお、デンマークのペタゴーは、子ども、障害者、社会的困難者（アルコール・薬物依存者等）を対象とする3資格を統合したものであり、「社会生活指導員（Social Educator）」とも訳されている。

表15-1 0年生の教育内容6項目（教育省）（齋藤，2008を一部改変）

1. 言葉と表現活動（話し方）
2. 自然とのふれ合い、自然現象の理解
3. 音楽
4. 遊びと運動（体育）
5. 社会性
   ① 授業や遊びを通して、友だちや大人との人間関係について学ぶ
   ② 子どもと規則について取り決め、どのように守るべきかを学ぶ
   ③ 子どもは掃除や整頓などの仕事を受け持ち、責任を学ぶ
6. 話し合いと協同作業
   ① 1人や複数、グループの作業を通して、異なる組織や協同作業の形があることを学ぶ
   ② 子どもが興味をもって深めるためのきっかけを与える。子どもがさまざまな可能性から主体的に選択することを学ぶ

引用文献

- 秋田喜代美・第一日野グループ『保幼小連携：育ちあうコミュニティづくりの挑戦』ぎょうせい，2013.
- 有馬幼稚園・小学校・秋田喜代美『幼小連携のカリキュラムづくりと実践事例』小学館，2002.
- 八王子市保・幼・小子育て連絡協議会『就学支援シート』2018.
- 掘越紀香・久田知佳「幼小移行期における保護者の意識(2)」『日本発達心理学会第21回大会論文集』p.295，2010.
- 国立教育政策研究所教育課程研究センター編著『発達や学びをつなぐスタートカリキュラム：スタートカリキュラム導入・実践の手引き』2018.
- 無藤隆『保育の学校3：5つの今日的課題編』フレーベル館，2011.
- 無藤隆・安見克夫・和田信行・倉掛秀人・本郷一夫『今すぐできる幼保小連携ハンドブック』日本標準教育研究所，2009.
- 鳴門教育大学附属幼稚園『生活プラン』2014.
- お茶の水女子大学附属幼稚園・小学校『子どもの学びをつなぐ：幼稚園・小学校の教師で作った接続期カリキュラム』東洋館出版社，2006.
- OECD, *Starting Strong V : Transitions from Early Childhood Education and Care to Primary Education*, 2017.
- 齋藤修「デンマークの就学前教育制度」『盛岡大学短期大学部紀要』第18巻，pp.13〜19，2008.
- 酒井朗・横井紘子『保幼小連携の原理と実践：移行期の子どもへの支援』ミネルヴァ書房，2011.
- 品川区『しっかり学ぶ しながわっこ：保幼小ジョイント期カリキュラム』2010.
- 東京都社会福祉協議会「保育所と学童保育の連携による学齢期の成長を見据えた保育：利用保護者調査と実践事例」2015.
- 横浜市こども青少年局・横浜市教育委員会『育ちと学びをつなぐ：横浜版接続期カリキュラム』2018.
- 幼児期の教育と小学校教育の円滑な接続の在り方に関する調査研究協力者会議「幼児期の教育と小学校教育の円滑な接続の在り方について（報告）」2010.

COLUMN　デンマークのA国民学校の例

　0年生は8月第2週の入学前（5月1日以降）から学校に併設された学童保育（SFO）へ通う。0年生担任は4月には決定し、入学前に園を訪問して、ペタゴーと情報交換し、子どもと面談する。子どもにも0年生担任にも長い準備期間が必要と考えられている。家庭と連携し、学習形態や時間も柔軟に進めている。筆者が8月に訪問した際、0年生では自分の家族の絵を鉛筆で描いていた。後日、学校近くの子どもの家庭を訪問し、家庭も巻き込んで友だち関係づくりにつなげ、行き帰りに交通安全や自然の勉強も行うそうだ。また、0年生担任とSFOペタゴーは、入学前から連携し、配慮の必要な子どもへの対応も共有してサポートしていた。学童保育や連携のあり方など参考にしたい視点である。

（掘越紀香）

索 引

あ〜お

ICF	157,160,164
愛着	101
愛着障害児	166
愛着障害発見	166
アイデンティティ	62
アクスラインの8原則	22
アクスライン，V. M.	22
遊び	28
アタッチメント	101
アフォーダンス	95
アプローチカリキュラム	175
安全基地	40,101
ECERS-3	119
移行期	62
いざこざ	58,74
遺伝学	46
意図理解	74
異年齢保育	64,149,155
居場所	101
イベント的な取り組み	137
インクルーシブ教育システム	160
インクルーシブ教育・保育	160
インクルーシブ保育	149,160,167
インクルージョン	149
インフォーマル集団	62
ヴィゴツキー，L. S.	10
WISC-Ⅳ	113
ウィニコット，D. W.	38
WPPSI	113
エクソシステム	39
SFO	179
エスノグラフィ	62
NICHD	41
エピソード記述法	112
エリクソン，E. H.	39,98
遠城寺式乳幼児分析的発達検査	113
園内委員会	159
追いかけっこ	70
折り合い	11

か〜こ

外在化問題	82
カウンセラー	14
…の純粋性	14
カウンセリング	14
学習	29
学童保育	178,179
葛藤	11,74
感覚過敏	166
環境	86
…の移行	98
…の変化	98
環境構成	2,89
観察法	111
感受性期	94
感情の反射	16
感情表出	58
危機	98
聴き合う関係	69
気質	58,59,110
帰属意識	52
KIDS乳幼児発達スケール	113
気になる子ども	157,162,166
規範意識	40
ギブソン，J. J.	95
基本的生活習慣	26,101
教育	12
共感的理解	14
教材研究	2
協働	122
協同遊び	28
協同性	9,52,53
協同的	52
…な学び	57
記録	3
クライエント	14
CLASS	119
クラス替え	99
クロノシステム	39
継続性	174
K-ABC心理・教育アセスメントバッテリー	113
KJ法	162
言語内容の伝え返し	16
言語発達	58,94
合科的・関連的な指導	175
攻撃行動	74
構成論	10
合同研修	176
行動主義心理学	9,10
広汎性発達障害児	113
合理的配慮	167
互恵性	174
互恵的な交流	177
心の理論	40
個人間差	146
個人間の差	10
個人差	10,110,146
個人内差	146
個人内の差	10
誤信念課題	47
言葉による伝え合い	9
個の育ち	152
個別的な計画	4
個別の教育支援計画	159,161
個別の指導計画	156,159

さ〜そ

サメロフ，A. J.	46
3歳以上児	51
3歳未満児	50
自覚的な学び	170
試行錯誤	6,149
思考力の芽生え	9
思考力、判断力、表現力等の基礎	9
自己効力感	35
自己主張	83,110
自己制御	40,75
自己評価	5
自己抑制	76
資質・能力	9
自然との関わり・生命尊重	9
自他理解	58
SICS	119
しつけ	27
実践記録	112
質的な個人差	10
指導計画	2
児童相談所	159
児童発達支援センター	159
シャイネス	82
社会構成主義	10
社会生活との関わり	9
社会的障壁	167
社会的認知能力	82
社会的ひきこもり	82
就学支援シート	131,173

集団の育ち	152
集団のなかでの個の育ち	111
順序性	147
小1の壁	178
小1プロブレム	170
障害	110
障害者権利条約	160
障害者差別解消法	167
障害者の権利に関する条約	160,167
障害特性論	130
障害を理由とする差別の解消の推進に関する法律	167
小学校学習指導要領	175
象徴	28
進級	99
神経科学	46
神経細胞	94
新版K式発達検査2001	113
親密化	53
親密性	51
信頼関係	17,22
心理―社会的発達段階	38
数量や図形、標識や文字などへの関心・感覚	9
Starting Strong V	171
スタートカリキュラム	174
生活科	175
省察	118
正統的周辺参加論	65
接続期カリキュラム	174,176
0年生	179
先行所有のルール	74
相互作用	86,98
相互模倣	52

た～と

対人援助活動	17
対話	122
縦割り保育	64
田中ビネー知能検査V	113
チーム意識	70
治療者	14
つまずき	74
つもり	76
適応	98
デンマーク	178
動機	27
道徳性・規範意識の芽生え	9
道徳判断	40

ドキュメンテーション	112
特殊教育	160
特別支援学校	159
特別支援教育	160
特別支援教育コーディネーター	159
特別な配慮	157,158,159,163,164,167
トラブル	58
鈍麻	166

な～の

仲間意識	53
仲間入り	63
仲間入れ	64
仲間関係	111
名づけ合う関係性	174
何もしていない行動	28
入園	99
乳幼児期にふさわしい体験	3
ニューロン	94
認知心理学	10
脳	94

は～ほ

パーテン, M. B.	28
パーテン理論	62
Harms, T.	119
育みたい資質・能力	9
発達過程	4,147
発達検査	111
発達段階	98
発達と学びの連続性	170
発達の課題	147,150
発達の最近接領域	10,148
発達の順序性	147
発達の方向性	147
発達の連続性	170
話し合い活動	68
バロン＝コーエン, S	47
反抗期	76
ピアジェ, J.	10,28
Pianta, R. C.	119
PDCAサイクル	159
非言語的行動	111
ひとり遊び	28,75
評価	2
フォーマット	71
フォーマル集団	62
プロセスの理解	10

ブロンフェンブレンナー, U.	39,134
分離不安	40,106
平行遊び	28,75
ペタゴー	179
保育環境評価スケール	119
保育カンファレンス	123
保育コーディネーター	131
保育所児童保育要録	172
保育の計画	154
保育マップ型記録	32
保育目標	2
ホイジンガ, J.	29
放課後子ども総合プラン	178
放課後児童クラブ	178
放課後児童クラブ運営指針	178
傍観遊び	28
方向性	147
保健センター	159
保護者との情報共有	134
保護者への配布物	137
誇り	76
ポジティブな養育	41
保幼小連携	174

ま～も

マイクロシステム	39
マクロシステム	39
学びの基礎力の育成	170
学びの芽生え	170
学びの連続性	170
無条件の積極的関心	14
メカニズムの理解	10
メゾシステム	39
物語り性	174
模倣	50,53

や～よ

遊戯療法	22
有能感	98
養護	12
…と教育の一体性	12
幼児期の終わりまでに育ってほしい姿	9,170,174,176
幼児教育と小学校教育との段差	171
幼児教育を行う施設として共有すべき事項	9
幼小交流	176
幼小接続	170

幼小接続期 …………………………… 170
幼稚園幼児指導要録 …………………… 172
抑制の発達 …………………………… 58

ら〜ろ

ラーニング・ストーリー …………… 112
ラーバーズ，F. ……………………… 119
来談者中心療法 ……………………… 14
ラポール ……………………………… 22
量的な個人差 ………………………… 10
臨界期 ………………………………… 94
レディネス …………………………… 27
連携 …………………………………… 176
連合遊び ……………………………… 28,75
連絡帳 ………………………………… 136
ロジャーズ，C. R. …………………… 14

新・基本保育シリーズ

【企画委員一覧】(五十音順)

◎ 委員長　○ 副委員長

相澤　仁(あいざわ・まさし)	大分大学教授、元厚生労働省児童福祉専門官
天野珠路(あまの・たまじ)	鶴見大学短期大学部教授、元厚生労働省保育指導専門官
石川昭義(いしかわ・あきよし)	仁愛大学教授
近喰晴子(こんじき・はるこ)	東京教育専門学校専任講師、秋草学園短期大学特任教授
清水益治(しみず・ますはる)	帝塚山大学教授
新保幸男(しんぽ・ゆきお)	神奈川県立保健福祉大学教授
千葉武夫(ちば・たけお)	聖和短期大学学長
寺田清美(てらだ・きよみ)	東京成徳短期大学教授
◎西村重稀(にしむら・しげき)	仁愛大学名誉教授、元厚生省保育指導専門官
○松原康雄(まつばら・やすお)	明治学院大学学長
矢藤誠慈郎(やとう・せいじろう)	岡崎女子大学教授

(2018年12月1日現在)

【編集・執筆者一覧】

編集

清水益治（しみず・ますはる）	帝塚山大学教授
森　俊之（もり・としゆき）	仁愛大学教授

執筆者（五十音順）

伊藤　優（いとう・ゆう）	就実短期大学講師	第12講
乙部貴幸（おとべ・たかゆき）	仁愛女子短期大学准教授	第4講
倉盛美穂子（くらもり・みほこ）	福山市立大学教授	第10講
齊藤多江子（さいとう・たえこ）	日本体育大学准教授	第5講
齊藤　崇（さいとう・たかし）	淑徳大学教授	第9講
清水益治（しみず・ますはる）	（前掲）	第1講
鈴木智子（すずき・ともこ）	仁愛大学准教授	第7講
関口道彦（せきぐち・みちひこ）	広島大学附属幼稚園非常勤講師	第8講
多田幸子（ただ・ゆきこ）	山梨県立大学准教授	第3講
田中浩司（たなか・こうじ）	首都大学東京准教授	第6講
掘越紀香（ほりこし・のりか）	国立教育政策研究所統括研究官	第15講
三木美香（みき・みか）	畿央大学准教授	第14講
森　俊之（もり・としゆき）	（前掲）	第2講・第9講
森野美央（もりの・みを）	長崎大学准教授	第13講
若林紀乃（わかばやし・すみの）	名古屋大学心の発達支援研究実践センター研究員	第11講

子どもの理解と援助

新・基本保育シリーズ⑩

2019年2月20日　初版発行
2024年2月1日　初版第4刷発行

監　修	公益財団法人 児童育成協会
編　集	清水益治・森 俊之
発行者	荘村明彦
発行所	中央法規出版株式会社
	〒110-0016 東京都台東区台東3-29-1　中央法規ビル
	Tel 03（6387）3196
	https://www.chuohoki.co.jp/
印刷・製本	株式会社太洋社
装　幀	甲賀友章（Magic-room Boys）
カバーイラスト	永井貴治（社会福祉法人 富岳会）
本文デザイン	タイプフェイス

定価はカバーに表示してあります。
ISBN978-4-8058-5790-8

本書のコピー、スキャン、デジタル化等の無断複製は、著作権法上での例外を除き禁じられています。また、本書を代行業者等の第三者に依頼してコピー、スキャン、デジタル化することは、たとえ個人や家庭内での利用であっても著作権法違反です。
落丁本・乱丁本はお取替えいたします。
本書の内容に関するご質問については、下記URLから「お問い合わせフォーム」にご入力いただきますようお願いいたします。
https://www.chuohoki.co.jp/contact/